Band 6

Historische
WAHRZEICHEN DER INGENIEURBAUKUNST
in Deutschland

Karl H. Schwinn •
Susanne Klingebiel-Scherf

DAS HIMBÄCHEL-VIADUKT DER HESSISCHEN ODENWALDBAHN

Mit freundlicher Unterstützung durch:

IngKH
INGENIEURKAMMER HESSEN
KÖRPERSCHAFT DES ÖFFENTLICHEN RECHTS

Bundesministerium
für Verkehr, Bau
und Stadtentwicklung

Initiative
Architektur und Baukultur

Förderverein
Historische
WAHRZEICHEN
DER INGENIEURBAUKUNST
in Deutschland e.V.

Autoren: Karl Heinrich Schwinn • Susanne Klingebiel-Scherf

Herausgeber:
Bundesingenieurkammer

Chefredaktion: Jost Hähnel

Gestaltung: Thomas Mengel, Berlin

Bestellungen:
Gegen eine Schutzgebühr von 9,80 Euro bei:
Bundesingenieurkammer
Charlottenstraße 4
10969 Berlin
Telefon: +49 (0)30 - 25 34 29 00
Telefax: +49 (0)30 - 25 34 29 03
www.bingk.de/order-hw

1. Auflage Februar 2012

ISBN 978-3-941867-10-9

Historische Wahrzeichen der Ingenieurbaukunst in Deutschland

Editorial

Das im idyllischen Odenwald zwischen Erbach und Hetzbach gelegene 43 m hohe Himbächel-Viadukt ist eines der bedeutendsten eingeschossigen Eisenbahnviadukte Deutschlands.

Mit seiner harmonischen Einpassung in die Landschaft steht das Himbächel-Viadukt exemplarisch für das Bemühen der Ingenieure, Technik und Umwelt als harmonisches Ganzes zu begreifen und zu gestalten. Damit ist es ein Ingenieurbauwerk, das heutige und künftige Ingenieurgenerationen zu herausragenden Ingenieurbauwerken inspirieren kann.

Das Himbächel-Viadukt wurde am 10. September 2010 in die Reihe der Historischen Wahrzeichen aufgenommen.

Der sechste Band der Schriftenreihe, der sich dem Himbächel-Viadukt widmet, trägt alles Bekannte über den Bau des Viadukts zusammen und versucht erstmals auch Klarheit in die Frage zu bringen, wer als Ingenieur für die Erbauung des Himbächel-Viadukts zuständig gewesen sein könnte.

Tafelenthüllung am
▼ *10. September 2010*

Einleitung

Es war im Spätsommer 1945. Die Oberrealschule in Michelstadt (das heutige Gymnasium) war nach wie vor von amerikanischen Streitkräften besetzt und die Kinder aus dem Ort freuten sich über ausgiebige Ferien, die zu diesem Zeitpunkt beinahe ein halbes Jahr andauerten. Die Jungs spielten von morgens bis abends Fußball mit einem „Läppedoddel“, den eine Mutter aus Stoffresten genäht hatte. Wäre es nach ihnen gegangen, hätte sich daran nichts mehr ändern müssen.

Doch eine resolute Mutter hatte genug von der Faulenzerei und fand für ihren Sohn eine nützlichere Tätigkeit: Kühe hüten in Ebersberg bei Bauer Grenz. Bis weit in den Herbst hinein führte der elfjährige Hütejunge seine Herde auf saftige Wiesen entlang der Mümling. Sein Lohn war für die damalige Zeit fürstlich: freie Kost und ein halber Liter frischer Milch, den er täglich am Abend mit nach Hause nehmen konnte. Und noch etwas erhielt in seinen Erinnerung an diese für ihn sehr schöne Zeit einen besonderen Platz: Der Anblick des mächtigen Himbächel-Viadukts. Immer wieder führte er seine Kühe unterhalb des Viadukts auf eine Wiese. Der Junge war beeindruckt von der Größe des Bauwerks und dem Farbenspiel des Sandsteins, der je nach Tageszeit seinen Rotton veränderte. Abends auf dem Nachhauseweg – immerhin eine Stunde Fußmarsch von Ebersberg nach Erlenbach – überlegte er, wie man wohl die großen Bögen gemauert haben könnte. Und wie man es geschafft hatte, die benötigten Materialien in solche Höhen zu transportieren…

Bis heute noch stellen sich viele Bahnreisende und Besucher des Himbächel-Viadukts ganz ähnliche Fragen wie der „Hütebub" vor mehr als sechs Jahrzehnten. Dieser Band befasst sich mit der Planung und Konstruktion eines Monumentalbaus, der hinsichtlich seiner Höhe im Vergleich zu anderen erhaltenen Steinbrücken des frühen Eisenbahnzeitalters konkurrenzlos bleibt. Das Himbächel-Viadukt ist nicht nur ein Bauwerk besonderer Güte, dessen Ästhetik und technische Umsetzung eine Würdigung verdient hat. Durch seine reine Existenz legt es Zeugnis ab über längst vergangene Zeiten und Menschen. Vom Bau des Himbächel-Viadukts, dem Odenwald und Eisenbahnbau des 19. Jahrhunderts, Herausforderungen und politischen Entscheidungen sowie Ingenieuren und Unternehmern dieser Zeit erzählen die folgenden Seiten. Erstmals werden auch Informationen aus den erhaltenen Geschäftsberichten und Protokollen der Hessischen Ludwigsbahn veröffentlicht, die das bekannte Bild ergänzen und abrunden.

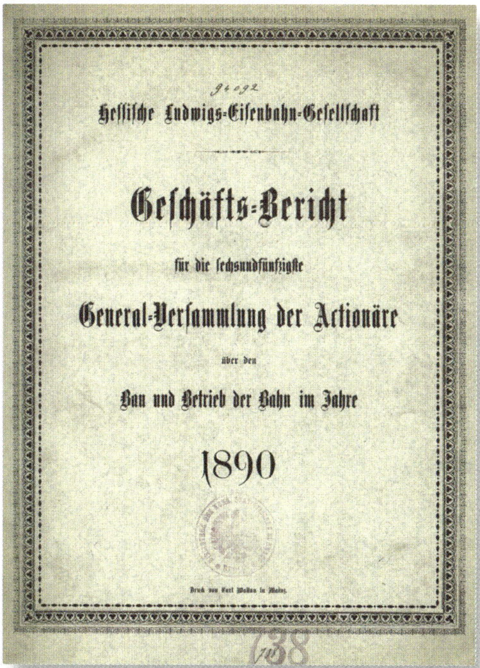
Hessische Ludwigs-Eisenbahn-Gesellschaft

Geschäfts-Bericht

für die sechsundfünfzigste

General-Versammlung der Actionäre

über den

Bau und Betrieb der Bahn im Jahre

1890

Druck von Carl Wallau in Mainz.

▲ *Titelblatt eines Geschäftsberichts der Hessischen-Ludwigsbahn.*

◀ *Blick auf das Viadukt von Osten aus dem Tal des Himbächels.*

Das Himbächel-Viadukt – ein Wahrzeichen

Beschreibung

Durch ihre Form und Funktion zählen Bahnhöfe, Bahntunnel und insbesondere Bahnbrücken zu den prägnantesten Bauwerken innerhalb des Verkehrssy-

stems Eisenbahn. Beim Streckenkilometer 24,54 begrenzt das Himbächel-Viadukt das Tal der Mümling gegen Osten, seine Dimensionen übertreffen alle 156 anderen Brückenbauten der Odenwaldbahn. Mit einer Steigung von 1:75 überquert die Bahntrasse in 43 Metern Höhe über der Talsohle den Lauf des Himbächels.

▲ *Himbächel-Viadukt, Holzstich nach einer Zeichnung von F. Zimmer, 1882.*

Luftaufnahme des Viadukts. ▶

Folgt man im hessischen Hetzbach dem Lauf der Mümling, die hier ein kleiner Bach ist, hat der Betrachter am Ende des Dorfes einen wunderbaren Blick auf das Steinviadukt: Wo gerade noch ein dicht bewaldeter Hang den Blick auf den Horizont verstellt, öffnet sich plötzlich ein Wiesental, dessen Weite von der monumentalen Arkade dieser Eisenbahnbrücke eingefasst wird. Das riesige Bauwerk beein-

druckt durch unerwartete Dimensionen und das zum Grün der Landschaft kontrastierende Rot seines Sandsteins. Aus den beiden flankierenden Hängen erwachsen neun sichtbare Pfeiler, die zehn jeweils fünf Meter tiefe Tonnengewölbe mit halbkreisförmigen Bögen schultern, von denen jeder 20 m überspannt. Von 1880 bis 1881 wurde dieses – nicht nur für Hessen – superlativisch anmutende Monumentalwerk von der Hessischen Ludwigs-Eisenbahngesellschaft über das in die Mümling fließende Himbächel gebaut.

Je nach Tageslicht stellt sich der Buntsandstein in einem sich ändernden Rot oder Rotbraun dar. Nachmittags, wenn die tief stehende Sonne das Bauwerk beleuchtet, erstrahlen seine Quader aus Sandstein in einem leuchtenden Rotbraun. Tagsüber ist es beinahe ziegelrot. Für das Auge des Laien erschließt sich die Anordnung der bossierten Steine (fachlich spricht man von Buckelquadern mit Randschlag) nicht sofort. Aber dem Fachmann geben sie neben dem positiven gestalterischen Aspekt auch Auskunft über die tragenden Bauteile des Bauwerks: Die Pfeiler, die große Lasten abtragen, sind bis hinauf zu den Kämpferplatten aus den bossierten Sandsteinen gemauert. Darauf lagert das zweite Tragelement, die Bögen, die in ihrer Ansichtsfläche ebenfalls durch bossierte Steine hervorgehoben werden. Die mit „glatten" Sandsteinen gemauerten Zwickelflächen zwischen den Bögen und das als oberer Abschluss angeordnete Konsolgesims bilden ein zweites gestalterisches Element, das durch seine abwechselnde Gestaltung ausschlaggebend für den positiven optischen Eindruck des gesamten

▲ *Pfeiler und Bogenansatz.*

Ansicht Gruppenpfeiler (links) und Normalpfeiler (rechts) mit Maßangaben. ▶

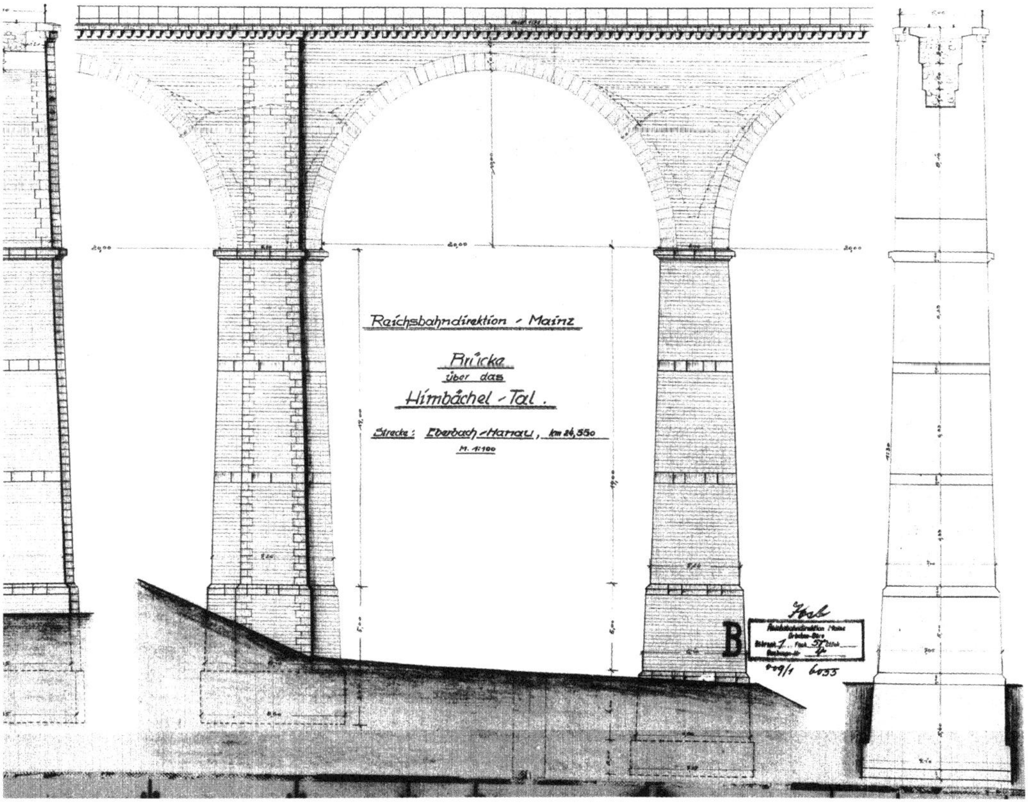

Bauwerkes ist. Dabei besticht das Bauwerk durch die ausgezeichnete handwerkliche Verarbeitung des Materials.

Eher unauffällig ist die über dem Mittelpfeiler angebrachte Inschriftenplatte mit dem Baujahr 1881 – in ihrer Zahlenfolge ist sie so symmetrisch wie das gesamte Viadukt. Ein sowohl gestalterisches als auch statisches Element sind die verstärkten Pfeiler 3 und 7, die vom Planer als „Gruppenpfeiler" bezeichnet werden. Die Gruppenfeiler haben in Kämpferhöhe eine Breite von 6 m, die Normalpfeiler von 4 m. Stärker ausgebildet als die anderen Pfeiler verhindern die Gruppenfeiler beim Einsturz eines Bogens, dass das gesamte Bauwerk zusammenfällt, denn sie könnten

im Notfall den Druck der stehengebliebenen Pfeiler und Bögen auffangen und würden so eine schnelle Reparatur des Viadukts ermöglichen. Die etwas massigeren Gruppenpfeiler sind durch ihre als Lisenen bezeichneten Mauerblenden optisch leicht erkennbar. Die Lisenen tragen zur Verstärkung des Tragwerks bei und bewirken gleichzeitig eine wohltuende Auflockerung in der Ansicht der gesamten Pfeilerreihe.

▲ *Verstärkter Gruppenpfeiler mit Lisene.*

Nordhälfte des Himbächel-Viadukts, Fassade zur Mümling. ▶

Das Himbächel-Viadukt der Hessischen Odenwaldbahn ist damit mehr als ein reiner Zweckbau. Durch seine Solidität und die hohe gestalterische Qualität ist es eines der Meisterwerke des Eisenbahnbrückenbaus im ausgehenden 19. Jahrhundert. Es besticht durch Einfachheit und Klarheit der Konstruktion. Besser als bei diesem Meisterstück kann man Bauwerk, Baumaterial und Landschaft nicht zu einer Einheit werden lassen. Die sparsam, aber gezielt eingesetzten Gestaltungselemente und der vom Planer des Viadukts, Justus Kramer, als Baumaterial gewählte Odenwälder Buntsandstein machen das Himbächel-Viadukt zu einem würdigen „Historischen Wahrzeichen der Ingenieurbaukunst in Deutschland". Es gehört damit zur Kunst des Alltags und ist ein schützenswerter Teil unseres baukulturellen Erbes.

Würdigung des Bauwerks

Der beim Himbächel-Viadukt genutzte Typ der eingeschossigen Bogenbrücke aus Stein wurde in der Regel für niedrigere Brücken verwendet. Mehrgeschossige Bauwerke findet man eher bei großen Höhen. Eingeschossige hohe Brücken, wie es das Himbächel-Viadukt mit seinen 43 m darstellt, waren wegen der damit verbundenen technischen Schwierigkeiten selten. Schon aus diesem Grund nimmt das bedeutende Ingenieurbauwerk unter den erhaltenen historischen Steinbrücken der frühen Eisenbahn in Hessen den ersten Platz ein. Mit seinen 43 m ist es außerdem das höchste der vier im 19. Jahrhundert errichteten eingeschossigen Eisenbahnviadukte in Deutschland.

Glaubt man einer von Dr. Friedrich Heinzerling im Jahr 1900 veröffentlichten Rangliste, so war es seinerzeit sogar das dritthöchste eingeschossige Viadukt weltweit. Heute ist es in Deutschland das einzige, das sich im Originalzustand von 1881 noch in Betrieb befindet. Die anderen Viadukte wurden im 2. Weltkrieg teilweise zerstört und nach dem Krieg wieder aufgebaut. Damit ist das Himbächel-Viadukt eines der letzten authentischen Zeugnisse der herausragenden Steinbaukunst des Eisenbahnzeitalters. Das wunderschöne Viadukt im Himbächeltal markiert auch das Ende der hohen, eingeschossigen Bogenbrücken im deutschen Eisenbahnbrückenbau.

Die Entwicklung neuer Baustoffe, die im 19. Jh. mit dem Stahl beginnt und sich im 20. Jh. mit Stahlbeton und Spannbeton fortsetzt, eröffnete in der Folgezeit dem Brückenbau und den planenden Ingenieuren immer bessere konstruktive Möglichkeiten. Auch im Odenwald setzte sich diese Entwicklung nach und nach durch. So ist am nördlichen Ende der Odenwaldbahn die 1882 fertiggestellte Auheimer Mainbrücke (geplant und gebaut unter Justus Kramer) eine stählerne Fachwerkträgerbrücke, die auf Buntsandsteinpfeilern ruht. Bereits 1779 wurde in England mit der berühmten „Ironbridge", einer Bogenbrücke mit 30 m Spannweite, die erste Brücke aus Gusseisen gebaut. Nachdem es mit Hilfe des Puddelverfahrens gelungen war, schmiedbares Eisen in großen Mengen herzustellen, traten gegen Ende des 19. Jh. die Stahlkonstruktionen ihren Siegeszug an und verdrängten die steinernen Bogenbrücken immer stärker.

▲▲ *Grafische Darstellung ein- und mehrgeschossiger Brücken, 1900.*

▲ *Auheimer Eisenbahnbrücke über den Main am nördlichen Ende der Odenwaldbahn bei Hanau.*

Der hessische Odenwald im Eisenbahnzeitalter

Der Odenwald füllt nahezu das gesamte Viereck östlich des Rheins zwischen den ihm zuströmenden Flüssen Main und Neckar. Landwirtschaft und Viehzucht bildeten über Jahrhunderte die Haupterwerbsquellen der Bevölkerung des Odenwaldes. Die industrielle Tätigkeit spielte aber bereits im 19. Jh. eine gewisse Rolle. Es gab zahlreiche Mühlenbetriebe: Neben herkömmlichen Getreidemühlen fanden sich Kunstmühlen, Sägemühlen, Ölmühlen, Lohmühlen, Schwerspatmühlen und sogar eine Marmormühle bei Auerbach. Ein wesentlicher Industriezweig war die Zigarren- und Tabakfabrikation. Zwei Fabriken stellten Zement her, es gab Ziegeleien, Töpfereien und Ofenfabriken. Die Vergangenheit der vorhandenen Eisenindustrie reichte zurück bis ins 16. Jahrhundert. Und mit Werkstätten, Kesselschmieden, Herd- und Maschinenfabriken hatten sich auch verschiedene Metallindustrien im Odenwald angesiedelt. Außerdem produzierten die Bewohner des Odenwaldes Schuhe und Schäfte, Tücher und Holzspielwaren, sogar die Klavierindustrie wurde von mehreren Kleinmeistereien betrieben.

Der Handel des Odenwaldes beschränkte sich – abgesehen von der Versorgung des lokalen Bedarfes – hauptsächlich auf den Vertrieb einheimischer Naturprodukte und Industrieerzeugnisse. Zu allen Zeiten hatten die ihn querenden Verkehrswege nur regionale Bedeutung. Einzig die am Westrand des Gebirges in der Ebene verlaufende „Bergstraße" wurde bereits zu Zeiten der Römer als „via montana" viel genutzt (sowie im Osten die „Hohe Straße" als kleiner Teil des militärisch wichtigen Kolonnenwegs entlang des Limes vom Main zur Donau).

Solange die Verkehrsverhältnisse überall ähnlich beschränkt waren, gab es keine Benachteiligung für den Odenwald, wo Rohstoffe und erzeugte Produkte auf kleinen Fuhr-

1. Theil des Erbacher Schlosses. — 2. Protestantische Kirche, von der Mümmlingbrücke aus. — 3. Erbach. — 4. Schloßthurm von Erbach. — 5. Alter Thurm, Tempelhof. — 6. Viadukt „Himbächel". — 7. Krähberg. Einfahrt zum Tunnel von Hetzbach aus. — 8. Viadukt Hainthal. — 9. „Blauer Hut", Südwestthurm. — 10. Pulverthurm an der Nordwestecke. — 11. Katzenbuckel von Station Gaimühl aus. — 12. Eberbach.

Bilder von der Odenwaldbahnlinie: Eberbach-Erbach. Originalzeichnung von Julius Fehr.

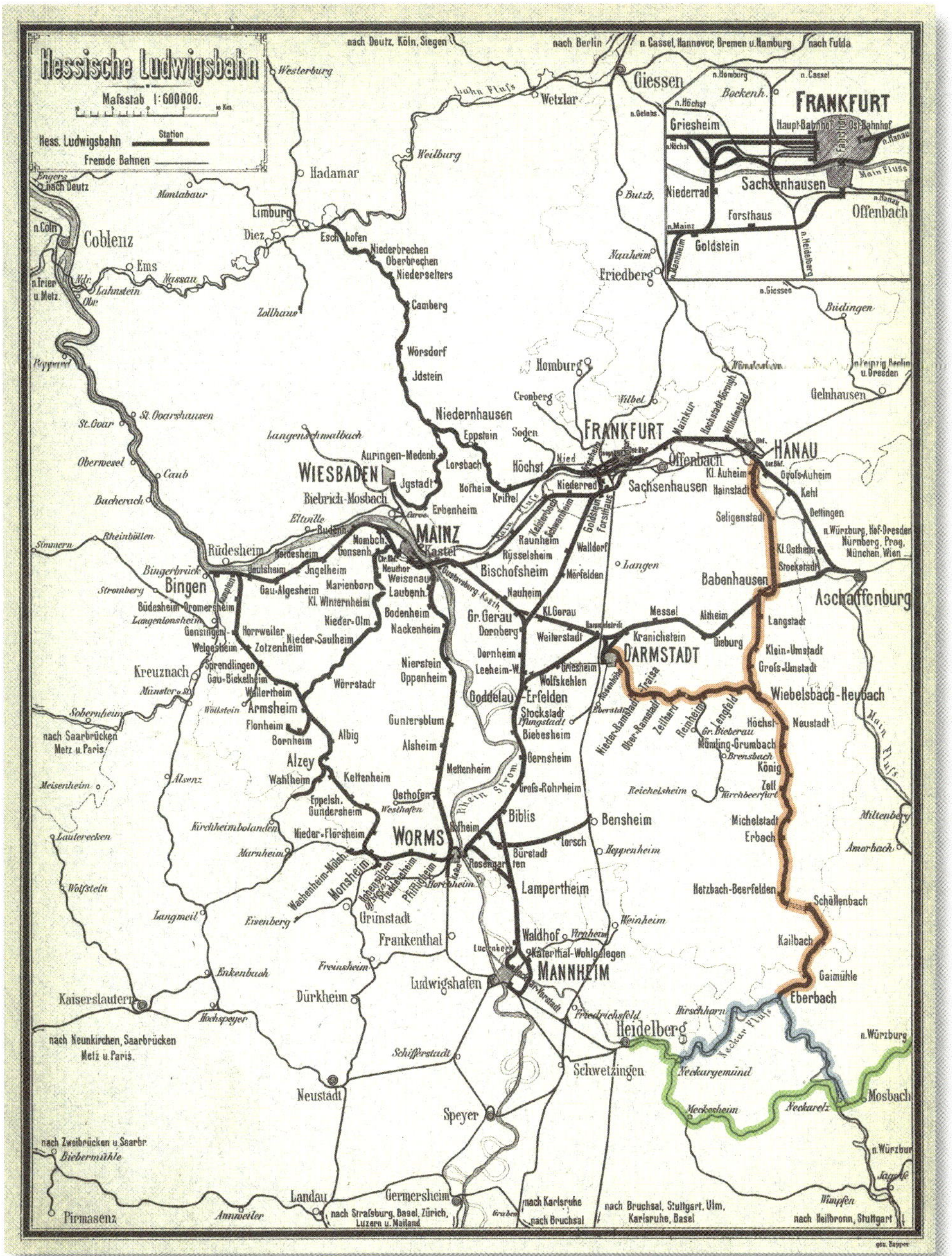

◀ Bilder von der Odenwaldbahnlinie Erbach–Eberbach. Kolorierter Holzstich nach einer Zeichnung von Julius Fehr, um 1882.

▲ Bahnstrecken im Odenwald, Karte HLB von 1890.

Hessische Odenwaldbahn (1871, 1882)

Neckartalbahn (1879)

Badische Odenwaldbahn (1866)

werken transportiert wurden. Erst ab dem Zeitpunkt, als der Eisenbahnbau in anderen Gegenden die Rahmenbedingungen verbesserte, begannen die Gewerbe im Mümlingtal unter den Bedingungen zu leiden. Denn an die Bahn angeschlossene Konkurrenten konnten günstiger und sicherer produzieren und leichter an den technischen Innovationen teilhaben.

Während die Ufer von Main und Neckar schon während der ersten Generation von Bahnstrecken beidseitig bis weit nach Bayern hinein vorstießen, ließ die Erschließung dieses Mittelgebirges auf sich warten. Erzabbau und Steinbruch, Mühlenbetrieb und Fabrikproduktion sowie Land- oder Holzwirtschaft blieben auf die traditionellen Transportmittel und die Zugkraft der Pferde angewiesen. Je mehr Industrie sich in den Ebenen und weiten Flusstälern ansiedelte, umso schwieriger wurde es für „die auf dem Berg", die Konkurrenz zu den tiefer gelegenen Unternehmungen aufrecht zu halten.

Mit den ersten Eisenbahnen kam auf die im Gebirge gelegenen Orte und industriellen Unternehmungen eine schwere Zeit zu. Der Wunsch in den höher gelegenen Gebieten des Odenwaldes nach besseren Eisenbahnverbindungen war groß und dringend. Auch für die Entwicklung des Touristenwesens erhofften sich die Bewohner der Gebirgsorte eine Verbesserung und Vermehrung der Eisenbahnverbindungen.

Streckenverlauf der Odenwaldbahn. ▶

Dr. August Parcus (1819–1875), führender Kopf der Hessischen Ludwigsbahn. ▼

Eine Bahn für den hessischen Odenwald

Zwischen 1835, als in Deutschland zum ersten Mal eine Eisenbahn fuhr, bis ins Jahr 1870 wurden 18.805 Streckenkilometer gebaut, der Vormarsch der Eisenbahnlinien ging immer schneller voran. Die Erschließung des Odenwaldes durch den Eisenbahnverkehr erfolgte allerdings nur sehr langsam. Das lag zum einen an den schwierigen topografischen Gegebenheiten, zum anderen zogen sich die Debatten häufig über Jahrzehnte hin.

Unter den Eisenbahnstrecken Hessens gilt die Odenwaldbahn als eine der eindrucksvollsten: Das liegt an ihrer ästhetisch überzeugenden Einbindung in die Landschaft und dem technisch hohen Standard ihrer Bauwerke. Sie verläuft weitgehend parallel etwa 20 km östlich der älteren Main-Neckar-Bahn und stellt eine zweite Verbindung zwischen den älteren Flussstrecken an Main und Neckar dar. Die Endpunkte sind Hanau im Norden und Eberbach im Süden, zusätzlich verbindet ein Abzweig den Odenwald mit Darmstadt.

Gebaut und betrieben wurde die Odenwaldbahn von der Hessischen Ludwigs-Eisenbahngesellschaft (HLB), einer privaten Gesellschaft, die von engagierten und ehrgeizigen Mainzer Kaufleuten gegründet worden war. In etwas mehr als 40 Jahren wurde aus der kleinen Gesellschaft ein gigantisches Unternehmen, das erst 1896 verstaatlicht wurde. Mit einem Streckennetz von 697 km Länge war sie damals eine der größten deutschen Privatbahnen.

Dr. August Parcus, der von 1867 bis zu seinem Tode im Jahr 1875 die HLB als Präsident des Verwaltungsrats führte, hatte großen Anteil an dieser Entwicklung. Ihm verdankte die Bahn den Aufstieg von der Einzellinie zu einem großen, geschlossenen Unternehmen.

Der erste Abschnitt – Diskussionen und Bau (1861–1871)

Die Eisenbahn hat den Odenwald lange Zeit gemieden oder umgangen. Die Entstehungsgeschichte der Odenwaldbahn reicht bis in die 50er Jahre des 19. Jahrhunderts zurück, die Erschließung des Odenwaldes mit der Bahn dauerte ganze zwei Jahrzehnte. Grund für den Dornröschenschlaf waren schwierige politische und topografische Verhältnisse.

Gebaut werden sollte zunächst ein erster Abschnitt, der im Norden Anschluss an die Rhein-Main-Bahn bieten und im Süden bis Erbach führen sollte. Verschiedene Trassen wurden untersucht und aus zumeist politischen Gründen wieder verworfen. Sechs Jahre dauerten die Verhandlungen und Diskussionen über alternative Strecken durch die Täler von Gersprenz oder Mümling. Alles dümpelte schließlich auf einen Kompromiss zu, den die am Bau interessierte Hessische Ludwigs-Eisenbahngesellschaft maßgeblich mit befördert

▲▲ Station Kailbach mit Zug, um 1885.

▲ Planungsvarianten für die Odenwaldbahn, 1861–68.

◄ Karte der Hessischen Ludwigs bahn von 1871 mit dem ersten Abschnitt der Odenwaldbahn.

Frau-Nauses-Tunnel, 1871. ►

Bau des Engelberg-Tunnels bei Reinheim, 1870. ►

hat. Schließlich einigte man sich auf die endgültige Strecke Darmstadt–Reinheim–Höchst–Erbach mit einem Abzweig nach Babenhausen zur Rhein-Main-Bahn.

Die Ludwigsbahngesellschaft erhielt am 4. April 1868 den Auftrag zu einem Eisenbahnbau durch das Mümlingtal – eine Bürgschaft der Großherzoglich-Hessischen Regierung ermöglichte der Gesellschaft die Aufnahme eines Kredits in Höhe von sieben Millionen Gulden (das entspricht etwa einer Kaufkraft von 112 Mio. Euro) für den Bau.

1868 wurde also mit dem Bau der ersten Abschnitte der Odenwaldbahn begonnen. Etwa ein Dutzend Unternehmen war an den Ar-

beiten beteiligt, die Vergabe erfolgte über separate Ausschreibungen einzelner Baulose. Den Odenwäldern erschien der Beginn des planmäßigen Verkehrs (24. Dezember 1871) auf den ersten Abschnitten der Odenwaldbahn wie ein Weihnachtsgeschenk: 37 eingleisige Schienenkilometer zwischen Babenhausen und Erbach sowie 54 km zwischen Darmstadt und Erbach wurden an diesem Tag für den Güter- und Personenverkehr im Gebirge freigegeben.

Über den weiteren Verlauf der Strecke nach Eberbach wurde allerdings weiter heftig gerungen. Es sollte noch bis 1882 dauern, bis das letzte Teilstück der Bahnstrecke für den Verkehr zur Verfügung stand.

▲ *Typenbahnhof Gaimühle.*

▲ *Typenbahnhof Hetzbach.*

▼ *Fahrplan, 1871.*

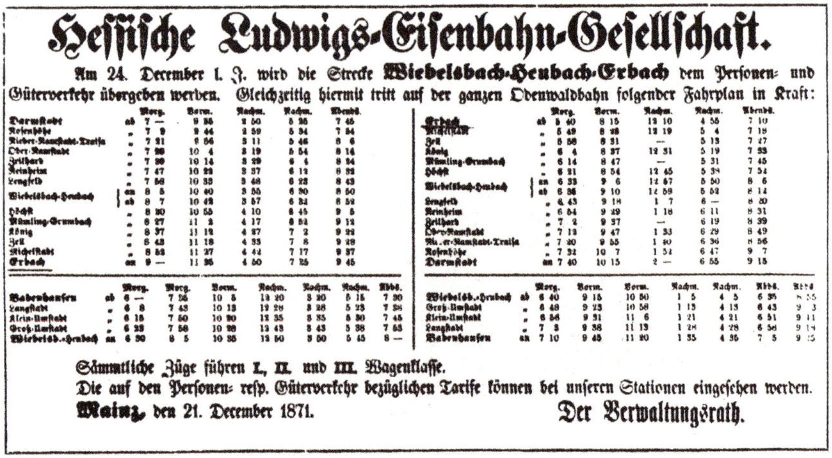

Hessische Ludwigs-Eisenbahn-Gesellschaft.

Am 24. December l. J. wird die Strecke **Wiebelsbach-Heubach-Erbach** dem Personen- und Güterverkehr übergeben werden. Gleichzeitig hiermit tritt auf der ganzen Odenwaldbahn folgender Fahrplan in Kraft:

		Morg.	Vorm.	Nachm.	Nachm.	Abends.
Darmstadt	ab	7 —	9 35	2 50	5 25	7 45
Rosenhöhe	„	7 9	9 44	2 59	5 34	7 54
Nieder-Ramstadt-Traisa	„	7 21	9 56	3 11	5 46	8 6
Ober-Ramstadt	„	7 29	10 4	3 19	5 54	8 14
Zeilhard	„	7 39	10 14	3 29	6 4	8 24
Reinheim	„	7 47	10 22	3 37	6 12	8 32
Lengfeld	„	7 58	10 33	3 48	6 23	8 43
Wiebelsbach-Heubach	an	8 5	10 40	3 55	6 30	8 50
	ab	8 7	10 42	3 57	6 32	8 52
Höchst	„	8 20	10 55	4 10	6 45	9 5
Mümling-Grumbach	„	8 27	11 2	4 17	6 52	9 12
König	„	8 37	11 12	4 27	7 2	9 22
Zell	„	8 43	11 18	4 33	7 8	9 28
Michelstadt	„	8 52	11 27	4 42	7 17	9 37
Erbach	an	9 —	11 35	4 50	7 25	9 45

		Morg.	Vorm.	Nachm.	Nachm.	Abends.
Erbach	ab	5 40	8 15	12 10	4 55	7 10
Michelstadt	„	5 49	8 23	12 19	5 4	7 19
Zell	„	5 58	8 31	—	5 13	7 27
König	„	6 4	8 37	12 31	5 19	7 33
Mümling-Grumbach	„	6 14	8 47	—	5 31	7 45
Höchst	„	6 21	8 54	12 45	5 38	7 54
Wiebelsbach-Heubach	an	6 33	9 6	12 57	5 50	8 6
	ab	6 35	9 10	12 59	5 52	8 14
Lengfeld	„	6 43	9 18	1 7	6 —	8 20
Reinheim	„	6 54	9 29	1 18	6 11	8 31
Zeilhard	„	7 2	9 37	—	6 19	8 39
Ober-Ramstadt	„	7 12	9 47	1 33	6 29	8 49
Nieder-Ramstadt-Traisa	„	7 20	9 55	1 40	6 36	8 56
Rosenhöhe	„	7 32	10 7	1 52	6 47	9 7
Darmstadt	an	7 40	10 15	2 —	6 55	9 15

		Morg.	Morg.	Vorm.	Nachm.	Nachm.	Nachm.	Abds.
Babenhausen	ab	6 —	7 35	10 5	12 20	3 20	5 15	7 30
Langstadt	„	6 8	7 43	10 13	12 28	3 28	5 23	7 38
Klein-Umstadt	„	6 15	7 50	10 20	12 35	3 35	5 30	7 45
Groß-Umstadt	„	6 23	7 58	10 28	12 43	3 43	5 38	7 53
Wiebelsb.-Heubach	an	6 30	8 5	10 35	12 50	3 50	5 45	8 —

		Morg.	Vorm.	Vorm.	Nachm.	Nachm.	Abds.	Abds.
Wiebelsb.-Heubach	ab	6 40	9 15	10 50	1 5	4 5	6 35	8 55
Groß-Umstadt	„	6 48	9 23	10 58	1 13	4 13	6 43	9 3
Klein-Umstadt	„	6 56	9 31	11 6	1 21	4 21	6 51	9 11
Langstadt	„	7 3	9 38	11 13	1 28	4 28	6 58	9 18
Babenhausen	an	7 10	9 45	11 20	1 35	4 35	7 5	9 25

Sämmtliche Züge führen I., II. und III. Wagenklasse.
Die auf den Personen- resp. Güterverkehr bezüglichen Tarife können bei unseren Stationen eingesehen werden.
Mainz, den 21. December 1871. Der Verwaltungsrath.

Diskussionen und Verzögerungen (1871–1874)

Dass es im Tal des Himbächels überhaupt ein Viadukt geben würde, war lange Zeit ungewiss. Vielfältige Überlegungen und verschiedene Alternativ-Planungen hat es gegeben. Eine Kette von Einzelentscheidungen, von „Hin und Her", führte letzten Endes zum Bau des Himbächel-Viadukts an dem heute bekannten Ort und in der uns bekannten Form.

Im südlichen Odenwald musste man von 1871 an lange auf die nötigen Entscheidungen zum Weiterbau der Strecke nach Eberbach warten. Denn die Verlängerung der Odenwaldbahn von Erbach nach Eberbach machte nur Sinn, wenn auch die Neckartalbahn auf badischem Gebiet verwirklicht wurde. Das Großherzogtum Baden hatte bereits im Jahr 1862 die „Badische Odenwaldbahn" eröffnet. Diese Strecke führte von Heidelberg über Neckargemünd und Meckenbach nach Neckarelz/Mosbach. 1866 wurde sie bis Würzburg verlängert.

Der Hauptgrund für diese ungewöhnliche Trassenwahl war eher politisch motiviert: Denn das Großherzogtum Hessen grenzte im Bereich zwischen Neckarsteinach und Hirschhorn an den Neckar. Durch eine Bahnlinie im Neckartal wären auch diese beiden hessischen Kleinstäd-

Karte mit Planungsstand 1873.

- *Odenwaldbahn (1871)*
- *Fortsetzung Odenwaldbahn (Planung)*
- *Neckartalbahn (Planung)*
- *Badische Odenwaldbahn (1866)*

te an das badische Bahnnetz angeschlossen worden – was wohl nicht im badischen Interesse lag. Ein Staatsvertrag einschließlich Schlussprotokoll zwischen den Großherzogtümern Baden und Hessen beendete am 19.2.1874 schließlich die kleinstaatlichen Differenzen.

Mit dem Bau des südlichen Teils der Hessischen Odenwaldbahn und der auszuführenden Kunstbauten, wie Tunnel, Brücken und Bahnhöfe, konnte aber immer noch nicht begonnen werden. Denn der Vertrag legte fest, dass ein Austausch der Ratifikationsurkunden erst erfolgen sollte, wenn der Staatsvertrag zwischen Baden und Württemberg über den Bau der Neckartalbahn Rechtskraft erlangt hatte. Das war erst am 22.5.1875 der Fall. Drei Tage später wurden dann endlich die Ratifikationsurkunden zum Staatsvertrag zwischen Baden und Hessen ausgetauscht. Um die südliche Teilstrecke der Odenwaldbahn von Erbach bis Eberbach und den Nordabschnitt Babenhausen–Hanau bis 1879 benutzbar zu machen, wäre ein sofortiger Baubeginn erforderlich gewesen. Doch diese Planung zerschlug sich: wiederholt kam es in den darauffolgenden Jahren bis 1877 zu Streit um die Streckenführung.

Zahlreiche Varianten wurden diskutiert, ausgelotet, verworfen und nicht selten begann nach kurzer Zeit alles wieder von vorn. Jahrelange Rechtsstreitigkeiten wurden geführt, mit einzelnen Personen oder ganzen Gemeinden, die sich bei der Finanzierung des Eisenbahnbaus von der Hessischen Ludwigsbahn übervorteilt sahen. Beerfelden, ein lokal wichtiger Marktflecken, kämpfte verbissen darum, in die Streckenführung mit einem eigenen Bahnhof einbezogen zu werden. Große technische Probleme verhinderten die Umsetzung und verzögerten den Bau immer wieder.

Aus all diesen Gründen konnte erst vier Jahre nach der Ratifikation des Staatsvertrages mit Baden, im Oktober 1879, mit den Arbeiten begonnen werden. Zu diesem Zeitpunkt hätte die Strecke längst fertig sein sollen.

Die Planungen für Strecke und Viadukt (1875–1879)

1875 wird im Geschäftsbericht der HLB zum weiteren Ausbau der Odenwaldbahn berichtet: *„Für die projectierte Bahn von Erbach nach Eberbach wurden umfassende Höhen- und Horizontalaufnahmen, die insbesondere auch den*

Beispiel für eine Streckenaufnahme ▼ *der Hessischen Ludwigsbahn, 1873.*

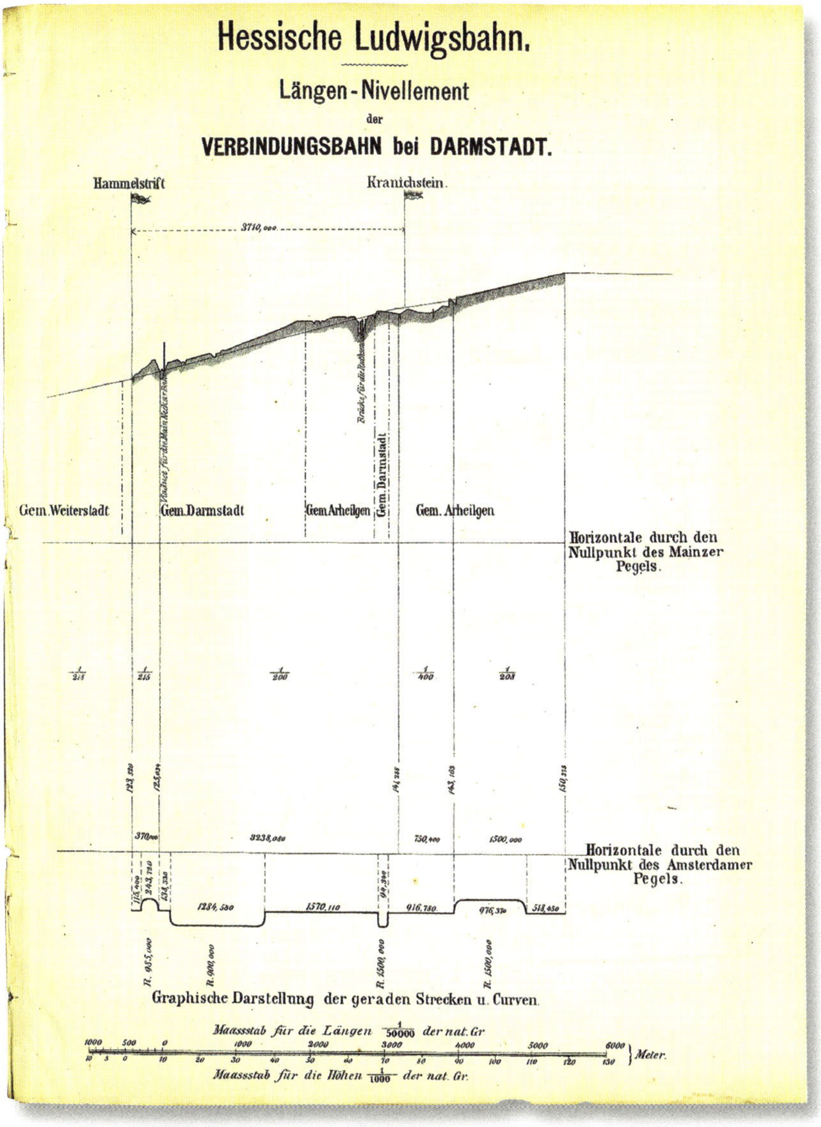

nach Eberbach zu gelegenen Theil, soweit derselbe hierbei in Frage kommt, betrafen, gefertigt. Es ist damit auch das zur Ergänzung der Karten erforderliche Material beschafft, und wird auf Grund desselben nunmehr die Richtung dieser Bahn definitiv festgelegt werden."

In diesem Jahr erfolgte auch die Gründung der „Special-Direction", die u.a. auch für die Planungen der neu zu bauenden Strecken zuständig werden sollte. Der Geheime Baurat Justus Kramer (bis dahin Ober-Ingenieur), über den noch berichtet wird, gehörte ihr von Anfang an als Mitglied an.

1876 wurden wohl die wesentlichen Planungsentscheidungen getroffen. Damals *„sind für die Fortsetzung der Odenwaldbahn von Erbach nach Eberbach für die verschiedenen in Betrachtung zu ziehenden Richtungen die nötigen Horizontalaufnahmen und nivellitischen Arbeiten gefertigt und auf Grund derselben die Projecte näher bearbeitet worden. Die Pläne und Kostenanschläge dieser Linien wurde der Gr. Regierung vorgelegt."* Im Protokoll der darauf folgenden Aktionärsversammlung wird genauer über die Schwierigkeiten berichtet: *„Die Verzögerung des Bauangriffs lag zum Theil und hauptsächlich aber in den schwierigen technischen Fragen, welche mit der Projectierung der südlichen Fortsetzung von Erbach nach Eberbach zusammenhängen. Es sind für diese Bahn zunächst drei Projecte bearbeitet und der großherzoglichen Hessischen Regierung zur Vorlage gebracht worden. Leider zeigen diese sämtlichen Projecte ganz unerwartet hohe Voranschlagssummen."*

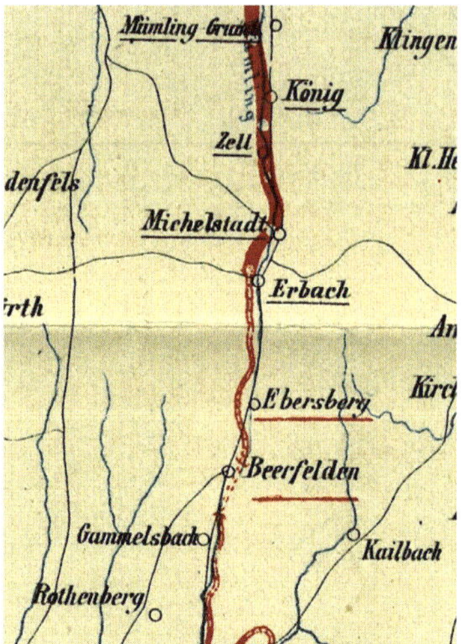

Wegen der erforderlichen Steigungsverhältnisse von 1:50 schieden aus Sicht der Eisenbahngesellschaft die direkte Strecke durch das Gammelsbacher Tal und die Route über Beerfelden aus. Man empfahl die dritte Variante durch das Schöllenbacher Tal mit einer günstigeren Steigung von 1:70 als die zweckmäßigste. Diese Linie versprach vorteilhaftere Betriebsverhältnisse, den kürzesten Tunnel und

„das kilometrisch geringste Anlagecapital". Mit Sorge wird berichtet: *„Den fortwährenden Anstrengungen des für die Linie über Beerfelden thätigen Localcomité's ist es indessen gelungen, die regierungsseitige Anordnung einer nochmaligen technischen Prüfung der Bahntracierung über Beerfelden zu erwirken."* Selbstbewusst wird vom Bauherrn aber auch angekündigt: *„daß man an den ökonomischen Erwägungen und Rücksichten auf das Interesse der Gesellschaft unbedingt festhalten werde."*

Offensichtlich hatten auch die lokalpolitischen und bautechnischen Schwierigkeiten auf den letzten 32 km Anteil daran, dass der geplante Fertigstellungstermin im Jahr 1879 nicht eingehalten werden konnte. Bemerkenswert ist auch, dass man zu diesem Zeitpunkt noch von einem zweigleisigen Ausbau der Strecke ausging.

1877 wurden auf Verlangen der Großherzoglichen Regierung noch *„nähere Untersuchungen über die Führung der Bahn durch den sog. Schlinggrund angestellt und ein Project hierfür ausgearbeitet und zur Vorlage gebracht".* Letztlich folgte die Landesregierung aber den Argumenten der Bahngesellschaft und legte zum großen Verdruss der Beerfeldener die Alternativplanungen ad acta. Es wurde endgültig entschieden, dass die Bahn *„von dem Bahnhofe Erbach aus den Orten Lauerbach, Schönnen, Ebersbach und Hetzbach vorüber durch den Pfeiffersgrund mittelst eines Tunnels durch den Krähberg in das Schöllenbacher Thal und durch dieses und das Itterthal nach Eberbach geführt werden soll. Weiter wurde bestimmt, dass der Bahnhof für die Orte des Marbachthales und Beerfelden bei Hetzbach anzulegen sei. Das Maximum der Steigungen der Linie ist auf 1:70 festgesetzt worden."*

Nach dieser prinzipiellen Entscheidung wurde *„die Linie durch den Pfeiffersgrund auf dem Felde vollständig abgesteckt, stationirt und nivellirt. Für die Strecke von Erbach bis zu dem Pfeiffersgrunde sind Linien mit verschiedenen*

◄ *Justus Kramer, seit 1875 Mitglied der „Special-Direktion".*

◄ *Die Route über Beerfelden – ein nicht zu verwirklichender Plan. Karte der HLB von 1876.*

Die bevorzugte und letztendlich gebaute Route.
▼ *Karte der HLB von 1878.*

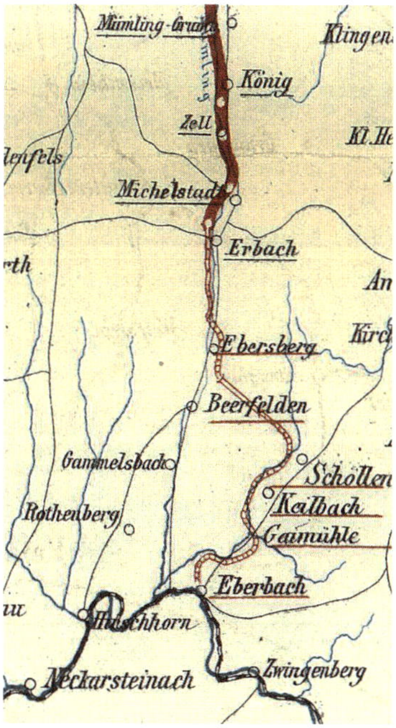

Steigungsverhältnissen bearbeitet worden. Sodann wurden die Detailaufnahmen für die Weganlagen, Kunstbauten fertig gestellt." 1877 fiel also die Entscheidung, ein Viadukt im Himbächeltal zu konstruieren.

1878 kam endlich Bewegung in das seit 1871 stagnierende Baugeschehen. Die Hessische Ludwigbahn wies dem Weiterbau der Odenwaldbahn von da an oberste Priorität zu „*weil die Großh. Hessische Regierung auf deren beschleunigten Ausbau den höchsten Werth legt*". Obwohl die Landesregierung eine dringend benötigte Zinsgarantie nicht gewährte, war die Hessische Ludwigsbahn wegen der „*nicht übersehbaren Verwicklungen*" bereit, die in besseren Zeiten übernommenen Verpflichtungen zum Bau der Odenwaldbahn zu erfüllen.

Allerdings wurde die Landesregierung um Zustimmung bei der „*thunlichsten Reduction*" der erforderlichen „*Baucapitalien*" gebeten. Dazu wurden sehr eingehende Studien unter Beibehaltung der von der Großh. Regierung im Jahr 1877 vorgeschriebenen „*Trace*" gemacht und es wurde weiter „*die nach der Beschaffenheit der Oberfläche günstigste Linie*" gesucht. Außerdem schlug man eine Beschränkung und Vereinfachung der Anlage vor, die in erster Linie in einem nur eingleisigen Ausbau bestand. Für die auszuführenden Neubauten wurden längere Fristen gefordert, „*so dass die einzelnen Objecte successive in ihrer Inangriffnahme und Ausführung sich aneinanderreihen und dabei energisch zur Vollendung geführt werden*".

Wegen des plötzlich so großen Interesses der Landesregierung am zügigen Weiterbau der Odenwaldbahn war der Vorstand der Hessischen Ludwigsbahn zu Recht optimistisch, dass die Einsparungsvorschläge genehmigt würden. Es ist gut möglich, dass im Zusammenhang mit diesen Sparvorschlägen auch die Entscheidung fiel, das Viadukt mit dem vor Ort günstig zu bekommenden Buntsandstein statt mit teurerem Eisen zu bauen.

▲ *Ludwig VI., von 1877–1892 Großherzog von Hessen-Darmstadt.*

Deckblatt Geschäftsbericht der Hessischen Ludwigsbahn von 1877. ▶

Im Baubericht des Jahres 1878 wird erstmals über konkrete Baumaßnahmen berichtet: *„Für die Fortsetzung der Odenwaldbahn von Erbach nach Eberbach ist das Project für die Linie durch den Pfeifersgrund näher bearbeitet worden. Die zu der Detailprojectierung erforderlichen Aufnahmen sind sämmtlich vollendet und die Querprofile zum Theile aufgetragen. Am Krähbergtunnel begannen die Arbeiten zunächst am östlichen Tunnelausgang in Richtung Schöllenbach. Hier zeigte sich in dem begonnenen Schachte Wasser, so dass die Arbeiten zunächst wieder eingestellt werden mussten. Am Westlichen Tunnelausgang, der sich an das Himbächchel-Viadukt anschließt, konnte erst am 20. Dezember, nach der Erteilung der Bauerlaubnis durch den Grundstückbesitzer, mit den Arbeiten begonnen werden.“*

94 079

Hessische Ludwigs-Eisenbahn-Gesellschaft.

Geschäfts-Bericht

für die zweiundvierzigste

General-Versammlung der Actionäre

über den

Bau und Betrieb der Bahn im Jahre

1877.

1879 gab es Schwierigkeiten beim Bau des 3,1 km langen Krähbergtunnels, der damals das zweitlängste Bauwerk seiner Gattung im Deutschen Reich war. Länger war nur noch der ältere Kaiser-Wilhelm-Tunnel (4.205 m; 1877) der Moseltalbahn bei Cochem.

Die schwierige Bausituation machte letzte Änderungen an den Bauplänen nötig und führte zu den Planungen des Himbächel-Viadukts, wie wir es heute kennen. Im Protokoll der Generalversammlung der Aktionäre vom April 1880 wird darauf detailliert eingegangen: *„Bei der im Vorjahre (1878) begonnenen Eröffnung des westlichen Voreinschnit-*

tes für den Tunnel am Krähberg und bei dem Abteufen der Schächte daselbst ergab sich, daß man bei der Beibehaltung der Steigung von 1:80 von Erbach bis zu dem Krähbergtunnel ganz in die wasserführenden Schichten kommen und einen sehr langen, wasserreichen Voreinschnitt erhalten würde. Es schien daher angezeigt, um diesen Schwierigkeiten zu begegnen und die Bauzeit für den Tunnel möglichst abzukürzen, die Steigung von Erbach bis zu dem Krähbergtunnel auf 1:75 festzusetzen und die Linie so zu verlegen, daß die sogleich von der Station Erbach auf das rechte Mümlingufer übergeht und auf diesem Ufer bis zu der Station Hetzbach-Beerfelden geführt wird. Die Bahn überschreitet nach diesem Projekte das Himbächelthal oberhalb Ebersberg mittelst eines ca. 40 m hohen Viaductes und erreicht die Station Hetzbach-Beerfelden. Von dieser Station wendet sich die Linie nach dem Pfeiffersgrunde und wird unter dem Krähberg in einem Tunnel hindurchgeführt. Der westliche Voreinschnitt erhält hierbei eine geringere Länge als bei der früher angenommenen Linie. Weiter wurde

▲ *Aufnahmen des 1881 fertiggestellten Krähbergtunnels.*

endgültig die Genehmigung erteilt, daß die Bahn von Erbach nach Eberbach einschließlich des Tunnels unter dem Krähberge ohne Vorbereitung für baldigen zweigeleisigen Betrieb, vorerst eingeleisig hergestellt wird. [...]

Das Project und der Kostenanschlag des Himbächel-Viaductes und der nördlichen Anschlussstrecke, sowie für die Strecke von der Station Hetzbach-Beerfelden bis zur Station Kailbach ist fertig gestellt. Für die Strecke von da bis Eberbach sind die Situationspläne, sowie das Längenprofil angefertigt und die Detailprojecte bei Kunstbauten, Straßencorrectionen [...] zum großen Theile bearbeitet und veranschlagt. Die Arbeiten zur Herstellung des Krähbergtunnels und des Bahnkörpers der beiden anstoßenden Strecken sind an einen Uebernehmer vergeben worden. Derselbe hat die Arbeiten vom 16. October 1879 an weitergeführt."

Im Protokoll der Generalversammlung der Hessischen Ludwigs-Eisenbahngesellschaft vom 30. 4.1880 wird dann auch berichtet, dass die Streckenführung endgültig genehmigt wurde. *„Was zunächst den Ausbau der Odenwaldbahn betrifft, so hat die Großherzogliche Regierung nach Einholung der Zustimmung der Großh. Badischen und bezw. Königl. Württembergischen Regierung und nachdem auch das Reichs-Eisenbahn-Amt zu der von uns vorgeschlagenen technischen Abänderung des Projectes seine Zustimmung ertheilt hatte, sowohl in der Erstreckung der Baufrist als auch in die Vereinfachungen eingewilligt, welche wir beantragt haben. Allerdings ist die neu festgestellte Vollendungsfrist knapp bemessen worden, da die ganze Bahn bis zum 1. Mai 1882 fertig gestellt sein soll [...]. Mit Rücksicht auf die bedeutenden technischen Schwierigkeiten haben wir vorsorglich bei der Großh. Regierung eine weitere kurze Erstreckung des Vollendungstermines, nämlich bis zum 1. October 1882, beantragt. Selbstverständlich werden wir alle Anstrengungen machen, um die Bahn so rasch wie möglich zur Vollendung zu bringen [...]."*

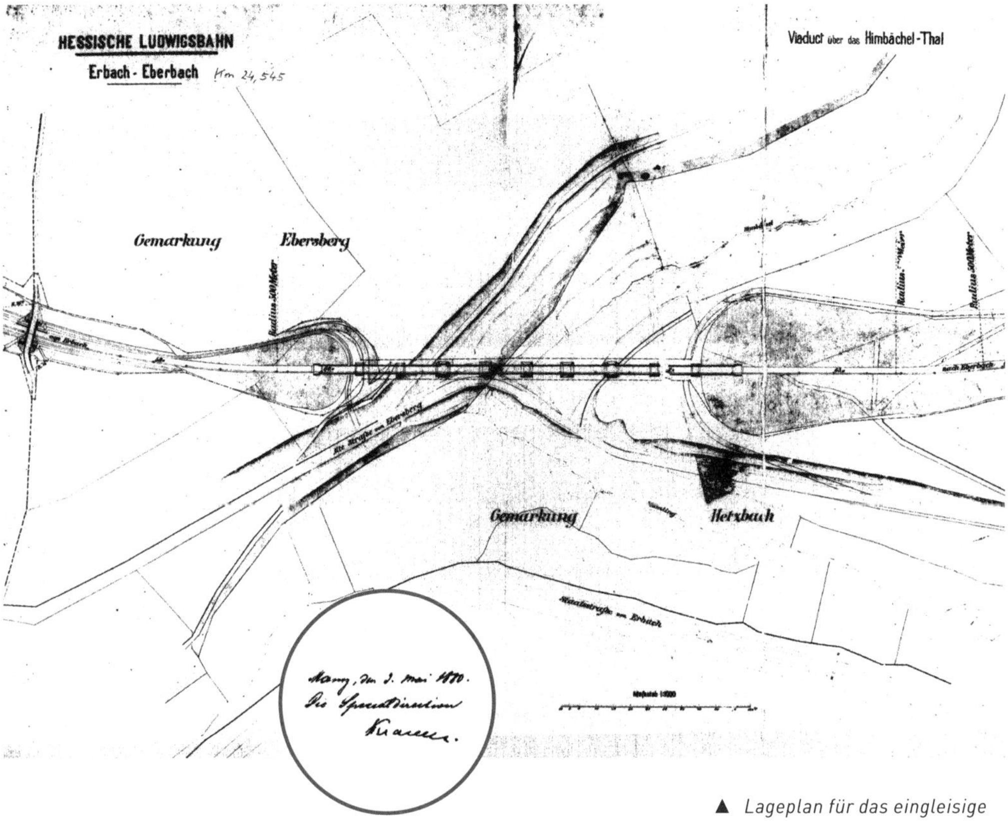

▲ *Lageplan für das eingleisige Himbächel-Viadukt mit Originalunterschrift von Justus Kramer.*

Ausschreibung zur Herstellung der Pfeiler des Viadukts, 1880. ▶

Der Bau des Viadukts (1880–1881)

1880 ging es dann also vor Ort an die Umsetzung der Planungen. Mussten die verantwortlichen Ingenieure beim Bau des Krähbergtunnels den Berg bezwingen, galt es beim Bau des Himbächel-Viadukts, das tiefe Tal mit einer soliden Eisenbahnbrücke in großer Höhe zu überspannen.

Neben dem bereits erwähnten Justus Kramer spielte bei Planung und Bau des Viadukts wohl auch der Bezirksingenieur Weiß, der in der Michelstadter Dependenz der Hessischen Ludwigsbahn für die Region des Himbächel-Viadukts zuständig war, eine wesentliche Rolle. Leider ist über ihn, außer der namentlichen Erwähnung in den Ausschreibungsunterlagen, nichts bekannt.

Im Juni des Jahres 1880 erschien im Erbacher Kreisblatt folgender Artikel über den Bahnverlauf, der sich auf einen Bericht aus der Darmstädter Zeitung bezog: „... *Die Bahn überschreitet kurz hinter dem Bahnhof Erbach, woselbst der Anschluss an die bestehende Strecke der Oden-*

waldbahn erfolgt, auf hoher Brücke die Mümling und bleibt auf deren rechten Ufer bis Hetzbach, von wo aus sie sich östlich nach dem Pfeiffersgrunde wendet und in einem Tunnel den Hauptstock des hessischen südlichen Odenwaldes,

Allgemeiner Anzeiger.

Hessische Ludwigs-Eisenbahn-Gesellschaft.

Bahn von Erbach nach Eberbach.

Die zur Herstellung des Bahnkörpers, der Kunstbauten, des Unterbaues und der Pflaster- und Chaussir-Arbeiten im Loose 2 der Abtheilung II. erforderlichen Arbeiten sollen nebst den Arbeiten zur Erbauung der Pfeiler des Viaductes über das Himbächelthal auf dem Submissionswege vergeben werden.

Es sind veranschlagt die Arbeiten:

a. in dem 708 m langen Loose 2 der Abtheilung II.

Erd- und Planirarbeiten	44677,46	M.
Kunstbauten	3200,38	"
Unterbau	1845,00	"
Pflaster- und Chaussirarbeiten . . .	740,00	"
zus.	50462,84	"
b. für die Erbauung der Pfeiler über das Himbächelthal zu . .	134539,05	"
im Ganzen	185001,69	"

Die betreffenden Kostenanschläge, Pläne, Bedingnißhefte sind auf dem Bureau unseres Bezirks-Ingenieurs Weiß zu Michelstadt zur Einsicht der Uebernahmslustigen aufgelegt. Die Submissionen sind längstens bis zum 25. März l. J., Vormittags 10 Uhr, verschlossen und frankirt auf unserem Secretariate dahier abzugeben. Auf dem Umschlage ist zu bemerken: „Submission wegen Uebernahme von Bauarbeiten in der Section Erbach."

Mainz, den 23. Februar 1880.

In Vollmacht des Verwaltungsraths:
Die Special-Direction.

229²)

den 548 m hohen Krähberg, in nahezu östlicher Richtung durchfährt, um bei Schöllenbach das Ittertal zu erreichen, welchem dieselbe bis zur Station Eberbach, dem Einmündungspunkte in die bereits im Vorjahr beendete badische Neckarthalbahn folgt. Bedeutende, außergewöhnliche Terrainschwierigkeiten aller Art hat die Bahn zu überwinden, so dass eine große Anzahl von Erd- und Kunstbauten erforderlich ist. Eine Reihe von Seitentälern des Mümlingtales muss mit Viadukten von ansehnlicher Höhe übersetzt werden. Die bedeutendste Anlage wird der das Himbächeltal oberhalb Ebersberg übersetzende Himbächel-Viadukt werden. […].“

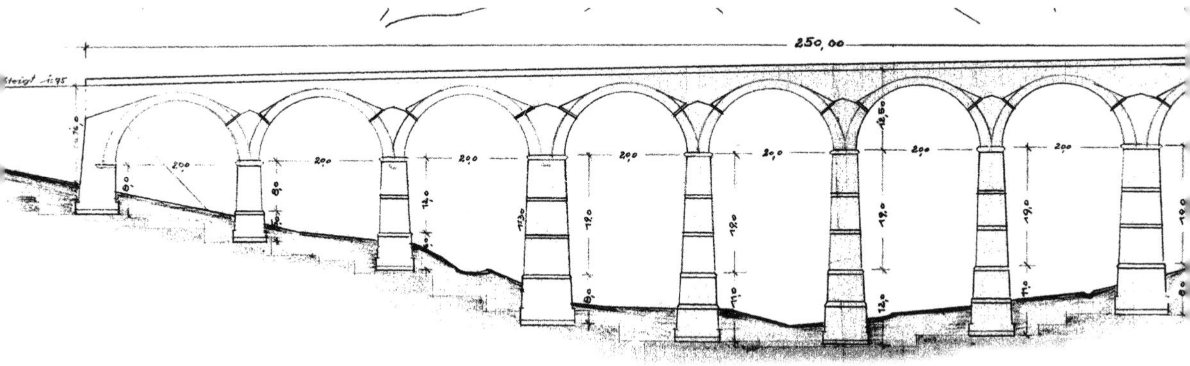

▲ *Ansicht des Himbächel-Viadukts, Plan von 1880.*

Mainzer Südbrücke, bereits 1862 aus Eisen errichtet. ▶

Das Bauwerk wird in Stein hergestellt und erhält 10 Halbkreisbogen à 20 m Spannweite bei einer Maximalhöhe von ca. 40 m und einer Länge von 250 m. Um von dieser bedeutenden Höhe einen Begriff zu geben, sei hier beiläufig erwähnt, dass die Ludwigssäule in Darmstadt eine Höhe von 43 m besitzt. Infolge dieser Dimensionen wird der Viaduct zu den größten dieser Bauwerke in Deutschland zu zählen sein. [...].“

Den Zuschlag für den Bau des Himbächel-Viadukts erhielt die Firma Carl Weißhuhn aus Troppau (heute: Opava/Tschechien). Diese hatte im Bahnbau große Erfahrung gesammelt und bereits mehrere Tunnelbauten und Eisenbahnbrücken gebaut: Auf der Bahnstrecke Leobschütz-Neustadt in Oberschlesien (heute: Glubczyce-Prudnik, Polen) wurden in den 1870er Jahren fünf Brücken gebaut. 1880/81 führte die Firma den schwierigen Bau der strategisch wichtigen Kulpabrücke auf der kroatischen Strecke Sissek-Doberlin erfolgreich aus.

Der Firmengründer Carl Weißhuhn, eine schillernde Unternehmerpersönlichkeit (dem ein eigenes Kapitel gewidmet ist), beschäftigte in seiner Firma einen erfahrenen Ingenieurstab. Zu diesem gehörten neben Chefingenieur Daniel Wiegand, der den Bau des Himbächel-Viadukts leitete, auch die namentlich bekannten Ingenieure E. Wiegand, Mayer, Bernhard und Rossbach. Über den Bau der Odenwaldbahn war Weißhuhn wohl durch eine Studienreise informiert, die ihn 1875 nachweislich in das unweit gelegene Heidelberg führte. Die Tochter Ida Weißhuhn erinnert sich in der von ihr verfassten Biografie des Vaters jedenfalls, dass es für den Österreicher schwierig war, mit seiner

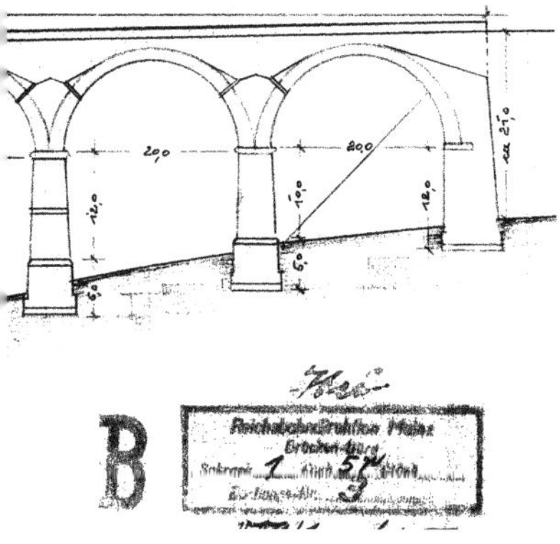

Offerte berücksichtigt zu werden. Aber durch seine Beteiligung an mehreren bedeutenden Bauten in Preußisch-Schlesien erhielt er letztendlich den Auftrag. Ursprünglich – so ihre Aussage – hatte man geplant, *„dieses bedeutende Objekt in Eisenkonstruktion zu bauen"*. Selbstbewusst berichtet sie: *„Mein Vater empfahl einen Quaderbau als viel geeigneter und schöner"*. Diese Darstellung einer vaterstolzen Tochter ist aber durchaus mit Skepsis zu betrachten. Es ist wohl eher anzunehmen, dass die Spezial-Direktion der Hessischen Ludwigsbahn von selbst auf die Idee kam, mit dem heimischen Buntsandstein einen ausgezeichneten und vor allem preiswerten heimischen Baustoff zu verwenden.

Eine Eisenkonstruktion wäre ebenfalls in Frage gekommen, zumal es zu dieser Zeit in Mode kam, die Überbauten in Eisen zu errichten. Technisch wäre das für die Protagonisten der Hessischen Ludwigbahn kein Problem gewesen, wie sie an der 1862 realisierten Mainzer Südbrücke bereits bewiesen hatten. Aber die Errichtung einer Steinbrücke war zur damaligen Zeit die kostengünstigste Lösung. Das Material konnte in unmittelbarer Nähe gebrochen werden. Der finanziell klammen Hessischen Ludwigsbahn kam das durchaus entgegen. Denn die goldenen Zeiten des gewinnträchtigen deutsch-französischen Krieges von 1870/71 waren vorbei. Die Abwicklung der riesigen Truppentransporte, die gutes Geld in die Kassen spülten, stellte sich als Pyrrhussieg heraus. Denn die übermächtige preußische Staatsbahn begann, den lukrativen überregionalen Warenverkehr um das Netz der lästigen hessischen Privat-Konkurrenz herumzuleiten. Es empfahl sich also durchaus, auch beim Bau des Himbächel-Viadukts zu sparen. Und deshalb wurde auf die besonders festen Sandsteine von Zell, Michelstadt, Steinbach und Hetzbach zurückgegriffen, die meist einen violett-roten Farbton aufweisen.

Die eigentliche Bauzeit des Himbächel-Viadukts betrug rund 18 Monate. Der Bau begann im Mai 1880 und war im November 1881 fertig. Am Viadukt wurden 16.400 m^3 Steinmaterial verbaut, ein Viertel davon waren sorgfältig behauene Quader für die äußere Verkleidung. Die überwiegend italienischen Wanderarbeiter leisteten in diesem Zeitraum 9.200 Tagschichten, um die Brücke zu errichten. Im Geschäftsbericht der Hessischen Ludwigsbahn von 1880 wird berichtet: *„Auf der Strecke von Erbach bis zu dem Krähbergtunnel ist mit den Erdarbeiten und Kunstbauten in den Gemarkungen Erbach [...] im Monat April, in den Gemarkungen [...] Ebersberg und Hetzbach im Monate Juni bezw. Mai begonnen worden."* Weiter heißt es: *„Mit den Arbeiten zu Erbauung des Viaducts über das Himbächelthal ist begonnen worden. [...]."*

Der felsige Untergrund im Tal des Himbächels eignete sich außerdem gut für Betonfundamente, da diese nur in einer geringen Tiefe von vier Metern gegossen werden

▲ *Bauzustand des Haintal-Viadukts mit Lehrgerüsten, 1881.*

mussten. Lediglich ein Pfeiler erforderte wegen einer Stelle mit weichem Lehmboden eine komplizierte Gründung in elf Metern Tiefe. *„Die Pfeiler und Widerlager des Viaducts sind direct auf den tragfähigen Untergrund, welcher in mehr oder weniger großer Tiefe sich vorfand, zum Theil unter Wasserzudrang, fundamentiert worden."* berichtet die Spezial-Direktion an die Aktionäre. *„Die beiden Widerlager und der dem südlichen Widerlager zunächst gelegene Pfeiler IX wurden bis zur Kämpferhöhe, Pfeiler VIII und VII nahezu bis zur Kämpferhöhe, die übrigen Pfeiler theils bis zur Sockelhöhe, theils darüber ausgeführt."*

1881 wurde verschiedentlich im Erbacher Kreisblatt über die „schwierige Linie Erbach–Eberbach" berichtet. Im April 1881 wurde festgehalten, *„dass die Bauarbeiten für die Fortsetzung der Odenwaldbahn von Erbach nach Eberbach nach Abschluss des Expropriationsverfahrens in Angriff genommen und der knapp bemessenen Bauzeit entsprechend mit größter Lebhaftigkeit gefördert wurden"*.

Wegen der zunehmenden finanziellen Sorgen wurde den Aktionären der HLB außerdem mit Erleichterung berichtet: *„Es gereicht uns zur Freude, an dieser Stelle constatiren zu können, dass unsere Erwartung auf eine erhebliche Reduction des ursprünglich präliminirten Baucapitals, welche wir wegen einiger rationeller Veränderungen in der Tracierung, wegen der eingleisigen Ausführung des Tunnels und der Bauwerke und der in den Zeitverhältnissen liegenden günstigeren Übernahmspreise für die Bauarbeiten hegen konnten, in vollem Maße bestätigt wurden ist."* Die beiden in Quaderwölbung ausgeführten imposanten Viadukte über das Himbächeltal und das Haintal *„wurden noch im Laufe des Jahres 1881 vollendet"*, trug schließlich der Verwaltungsrat der Hessischen Ludwigs-Eisenbahngesellschaft im Jahre 1882 auf einer Generalversammlung vor.

Insgesamt verschlang der Bau des Himbächel-Viadukts 343.615 Goldmark. Vergleicht man die Summe mit der heutigen Kaufkraft, entspräche dies etwa dem Zehnfachen, also mehr als drei Millionen Euro. Die Detailkosten beliefen sich dabei auf 20,90 Mark pro Kubikmeter verbautes Material und 35,07 Mark pro Quadratmeter Ansichtsfläche, der laufende Meter wurde mit 1.375 Goldmark beziffert. Das Holz der Lehrgerüste wurde nach Beendigung der Bauarbeiten

◄ *Himbächel-Viadukt, Bauzustand 1881.*

▼ *Haintal-Viadukt.*

nicht „entsorgt", sondern einer nachhaltigen Nutzung zugeführt und an die Bauern der umliegenden Dörfer preiswert verkauft. So manche noch heute existierende Scheune wurde damals aus diesem Holz errichtet.

Etwas günstiger fiel der Bau des benachbarten Haintal-Viadukts aus: Der Nürnberger Bauunternehmer Bell errichtete innerhalb eines Jahres bei Friedrichsdorf eine kleinere Kopie des Himbächel-Viadukts mit einer Länge von 173 m und einer Höhe von 32,5 m. Das Haintal-Viadukt war mit neun Bögen von jeweils 15 m Spannweite die zweitgrößte Brücke der Odenwaldbahn und kostete insgesamt 170.375 Goldmark.

Feierlichkeiten anlässlich der Versetzung des Schlusssteins (Richtfest)

„Der Viadukt hatte eine Höhe von 43 m mit 10 Bogenöffnungen von je 20 m Spannweite. Die Leerbogen waren durchwegs freitragend auf die Kämpfer gesetzt. Die Konstruktion des Leergerüstes in dieser schwindelnden Höhe war eine waghalsige, für den damaligen Stand der Technik außerqewöhnliche Leistunq und wurde ohne Unfall beendet. Da der Bau in Regie geführt wurde, und an die Bauleitung außergewöhnlich große Anforderungen gestellt wurden, war der finanzielle Erfolg nicht so groß, wie das stolze Bewusstsein dieser bis ins Detail gelungenen Arbeit". So erinnert sich Ida Weißhuhn an den Bau des Himbächel-Viadukts.

▼ *Artikel im Erbacher Kreisblatt.*

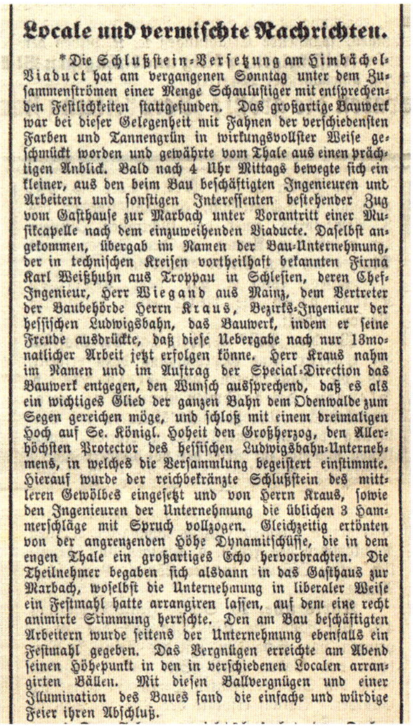

Locale und vermischte Nachrichten.

* Die Schlußstein-Versetzung am Himbächel-Viaduct hat am vergangenen Sonntag unter dem Zusammenströmen einer Menge Schaulustiger mit entsprechenden Festlichkeiten stattgefunden. Das großartige Bauwerk war bei dieser Gelegenheit mit Fahnen der verschiedensten Farben und Tannengrün in wirkungsvollster Weise geschmückt worden und gewährte vom Thale aus einen prächtigen Anblick. Bald nach 4 Uhr Mittags bewegte sich ein kleiner, aus den beim Bau beschäftigten Ingenieuren und Arbeitern und sonstigen Interessenten bestehender Zug vom Gasthause zur Marbach unter Vorantritt einer Musikcapelle nach dem einzuweihenden Viaducte. Daselbst angekommen, übergab im Namen der Bau-Unternehmung, der in technischen Kreisen vortheilhaft bekannten Firma Karl Weißhuhn aus Troppau in Schlesien, deren Chef-Ingenieur, Herr Wiegand aus Mainz, dem Vertreter der Baubehörde Herrn Kraus, Bezirks-Ingenieur der hessischen Ludwigsbahn, das Bauwerk, indem er seine Freude ausdrückte, daß diese Uebergabe nach nur 13monatlicher Arbeit jetzt erfolgen könne. Herr Kraus nahm im Namen und im Auftrag der Special-Direction das Bauwerk entgegen, den Wunsch aussprechend, daß es als ein wichtiges Glied der ganzen Bahn dem Odenwalde zum Segen gereichen möge, und schloß mit einem dreimaligen Hoch auf Se. Königl. Hoheit den Großherzog, den Allerhöchsten Protector des hessischen Ludwigsbahn-Unternehmens, in welches die Versammlung begeistert einstimmte. Hierauf wurde der reichbekränzte Schlußstein des mittleren Gewölbes eingesetzt und von Herrn Kraus, sowie den Ingenieuren der Unternehmung die üblichen 3 Hammerschläge mit Spruch vollzogen. Gleichzeitig ertönten von der angrenzenden Höhe Dynamitschüsse, die in dem engen Thale ein großartiges Echo hervorbrachten. Die Theilnehmer begaben sich alsdann in das Gasthaus zur Marbach, woselbst die Unternehmung in liberaler Weise ein Festmahl hatte arrangiren lassen, auf dem eine recht animirte Stimmung herrschte. Den am Bau beschäftigten Arbeitern wurde seitens der Unternehmung ebenfalls ein Festmahl gegeben. Das Vergnügen erreichte am Abend seinen Höhepunkt in den in verschiedenen Localen arrangirten Bällen. Mit diesen Ballvergnügen und einer Illumination des Baues fand die einfache und würdige Feier ihren Abschluß.

Wie bei einer Steinbogenbrücke üblich, feierte man am 18. September 1881 die Versetzung des Schlusssteins im letzten Bogen mit einem Festakt. Knapp eine Woche später berichtete das Erbacher Kreisblatt (Nr. 77 v. 24. September 1881) über das Ereignis: *„Die Schlußsteinversetzung am Himbächel-Viadukt hat am vergangenen Sonntag unter dem Zusammenströmen einer Menge Schaulustiger mit entsprechenden Festlichkeiten stattgefunden. Das großartige Bauwerk war bei dieser Gelegenheit mit Fahnen der verschiedensten Farben und Tannengrün in wirkungsvoller Weise geschmückt worden und gewährte vom Thale aus einen prächtigen Anblick. Bald nach 4 Uhr mittags bewegte sich ein kleiner, aus den beim Bau beschäftigten Ingenieuren und Arbeitern und sonstigen Interessenten bestehender Zug vom Gasthause zur Marbach unter Vorantritt einer Musikkapelle nach dem einzuweihenden Viadukt.*

Daselbst angekommen, übergab im Namen der Bau-Unternehmung, der in technischen Kreisen vorteilhaft be-

kannten Firma Karl Weißhuhn aus Troppau in Schlesien, deren Chefingenieur Herr Wiegand dem Vertreter der Baubehörde Herrn Kraus, Bezirksingenieur der Hessischen Ludwigsbahn, das Bauwerk, in dem er seine Freude ausdrückte, daß diese Übergabe nach nur 13 monatlicher Arbeit jetzt erfolgen könne. Herr Kraus nahm im Namen und im Auftrag der Spezialdirektion das Bauwerk entgegen, den Wunsch aussprechend, daß es als ein wichtiges Glied der ganzen Bahn dem Odenwald zum Segen gereichen möge und schloß mit einem dreimaligen Hoch auf Se. Königl. Hoheit den Großherzog, den Allerhöchsten Protektor des Hessischen Ludwigsbahnunternehmens, in welches die Versammlung begeistert einstimmte. Hierauf wurde der reichbekränzte Schlußstein des mittleren Gewölbes eingesetzt und von Herrn Kraus sowie den Ingenieuren der Unternehmung die üblichen drei Hammerschläge mit Spruch vollzogen. Gleichzeitig ertönten von der angrenzenden Höhe Dynamitschüsse, die in dem engen Tal ein großartiges Echo hervorbrachten.

Die Teilnehmer begaben sich alsdann in das Gasthaus Zur Marbach, woselbst die Unternehmung in liberaler Weise ein Festmahl hatte arrangieren lassen, auf dem eine recht animierte Stimmung herrschte. Den am Bau beschäftigten Arbeitern wurde seitens der Unternehmung ebenfalls ein Festmahl gegeben. Das Vergnügen erreichte am Abend seinen Höhepunkt in den in verschiedenen Lokalen arrangierten Bällen. Mit diesen Ballvergnügen und einer Illumination des Baues fand die einfache und würdige Feier ihren Abschluß."

Auch in den Erinnerungen an Carl Weißhuhn wird auf die Eröffnungsfeier eingegangen: *„Der gewaltige Bau bestand aus 18.000 m Quadermauerwerk und fand ungeteiltes Lob und Bewunderung aller Sachverständigen. [...]. Zur Schlusssteinlegung 1881 ließ Papa [C. Weißhuhn] noch 2.000,- RM für die Beamten und Arbeiter springen. Dieser Bau lockte Tausende von Neugierigen herbei und noch Jahre lang bewunderte man dieses Können."*

Von der damit verbundenen Feier ist der Richtspruch überliefert, dessen etwas holprige Zwillings-Reime die gesamte Entstehungsgeschichte rekapitulierten:

„Viel Jahr' lang haben die Ingenieur',
(zu welcher Gattung ich gehör') –
im Mümlingthal ungeniert
die Kreuz und Quer herum traciert. [...]

Am rechten Mümlingthalgehäng'
zieht sich die Bahn nun in die Läng'.
Auf 75 Meter je
steigt sie ein Meter in die Höh'!
So kurvt und windet sich die Bahn
bis zu dem Himbächlein hinan. [...]

Zum Ruhme wird's ihr [der Firma Weißhuhn] sehr gereichen,
daß sie ein Bauwerk solches Gleichen
wie man's im schönen Hessenland
dergleichen wohl bisher nicht fand,
hat ausgeführt mit viel Geschick,
mit Umsicht und vielleicht auch Glück.
Im Mai des Jahres, das verwich,
geschah der erste Spatenstich. [...]

Am 9. Juni fing sodann
das Mauern selbst sehr rüstig an.
Bei den paar ersten Pfeilern war
es bald so ziemlich offenbar,
daß man auf dort'gem Felsengrund
bequem und sicher bauen kunnt.
Es kam auch teilweis' gar nicht schön,
so daß man tiefer mußte geh'n. [...]

Um nur zu suchen guten Grund,
grub man hinab, je nach Erfund
im Wasser, Schlamm und unter Brüchen
der Wände, welche seitwärts wichen, [...]

Gepumpt wurd' auch Tag und Nacht,
bis man es endlich fertig bracht,
daß endlich alles Wasser draus [...]

Als nun die Fundamente 'raus
gemauert waren, sah es aus,
als wüchsen nun die Pfeilerschäfte
von innen her durch höh're Kräfte,
Fünfzehn mal Tausend Cubikmeter
sind nun vermauert, aber später
werden's wohl 17000 sein,
so daß dann alles im Verein,
was auf den Fundamenten liegt,
fast eine Million Zentner wiegt!
[...] lang 250 Meter
und 43 hoch dabei
der Viaduct so circa sei.
Zehn Bögen mit je 20 Meter
Spannweite, die doch wohl ein jeder
sehr weit und hoch wird finden,
elf Pfeiler kühn verbinden.
Sechs Monat' es sein mögen,
als man begann die Bögen,
9000 Steiner, welche sein
Halbquader, kommen da hinein.
Ein Bogen ist à la bonheur
½ Million Kilo schwer.
So daß zusammen alle Bögen
wohl 100 000 Zentner wägen.
Und diese Last, so schwer sie ist,
hat kühn getragen ein Gerüst. [...]

Mit sprengwerkartigen Lehrlogen,
das 1000 Zentner selbst gewogen.
Drum haben wir uns heut' ergötzt,
als man den Schlußstein eingesetzt.
Es lebe der Himbächelviaduct!

(gekürzte Fassung)

Dichtung und Wahrheit

Leider sind die historischen Berichte über den Bau des Himbächel-Viadukts häufig wenig zuverlässig. Die schreibende Zunft nahm es mit ihren Recherchen nicht immer ganz so genau.

Bei der Frage nach Todesopfern beim Bau des Himbächel-Viadukts halten sich bis heute hartnäckig einige Gerüchte. Unter anderem wurde berichtet, der Baumeister der Brücke habe sich am Ende der Bauzeit von der Brücke in den Tod gestürzt, was nachweislich falsch ist. Tatsächlich ereignete sich kurz nach Versetzen des Schlusssteins dann doch noch ein tödlicher Unfall aus 43 m Höhe. Das Erbacher Kreisblatt berichtete am 8. Oktober 1881: *„Leider stürzte in einer der letzten Wochen ein Maurer aus Tyrol von der oberen Gerüststange in die Tiefe und blieb sofort tot“.*

Der oben erwähnte Herr Kraus, der die Hessische Ludwigsbahn bei dem Festakt der Schlusssteinversetzung am Himbächel-Viadukt vertreten hat, ist in den erhalten gebliebenen Unterlagen der HLB nicht als Bezirks-Ingenieur zu finden. Der Bezirks-Ingenieur hieß, wie bereits erwähnt, Weiß, wohl aber gab es einen Carl Kraus, der Haupt-Rechnungs-Revisor war und der den Bauherrn vermutlich bei der Feier vertreten hat.

Schlussstein des Himbächel-Viadukts. ▼

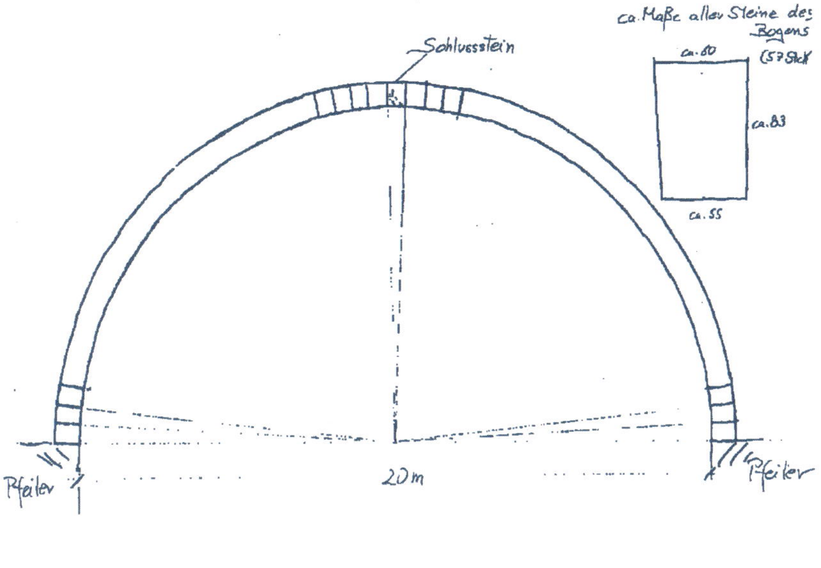

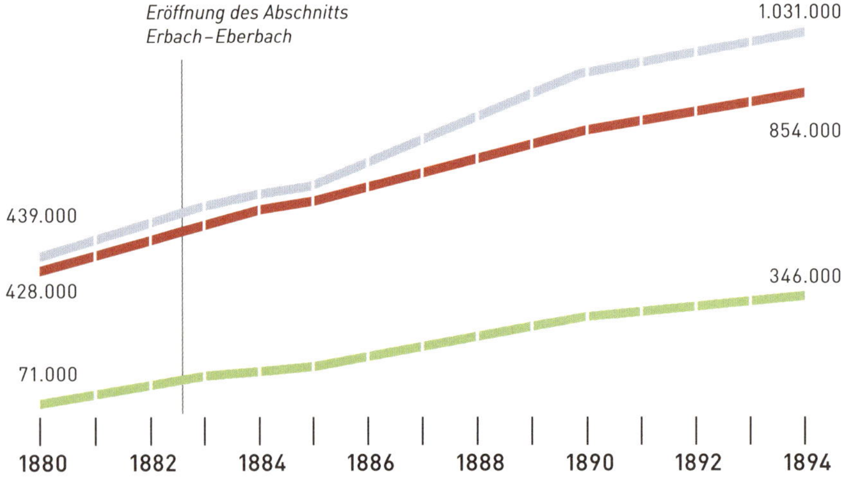

▲ *Wirtschaftliche Entwicklung der Odenwaldbahn 1880–1894.*
Personenverkehr
Gesamteinnahmen (in Mark)
Gütertransport (in Tonnen)

Ludwigsbahn Himbächel-Viadukt, 1955. ▶

Die Entwicklung von 1882 bis heute

Die letzten Abschnitte der Odenwaldbahn wurden 1882 fertiggestellt. Der Teil von Erbach bis Beerfelden/Hetzbach war am 1. März befahrbar, das letzte Stück bis Eberbach wurde am 27. Mai 1882 freigegeben. Die Eröffnung der fertigen Odenwaldbahn wurde von der Bevölkerung freudig begrüßt.

Bau und Fertigstellung der hessischen Odenwaldbahn waren für die Hessische Ludwigsbahn eine technische und wirtschaftliche Herausforderung. Mit dem Ergebnis des laufenden ersten Betriebsjahres 1883 zeigte sich der Verwaltungsrat zunächst zufrieden. Man vermerkte *„eine Steigerung der Einnahmen aus dem Personen- und Güterverkehr und neue Fortschritte mit erfreulichen Mehreinnahmen"*. Die hohen Investitionen in die technisch schwierige Odenwaldbahn schienen sich dank steigender Personenzahlen und Tonnagen sowie des Betriebszuschusses der Hessischen Landesregierung, der für die ersten Jahre auf 100.000 Gulden festgelegt war, zumindest mittelfristig zu rechnen. Im Jahr 1883, dem ersten Jahr des vollen Betriebs, wurden 570.000 Personen transportiert. Im Jahr 1894 waren es bereits 1.031.000. Der Güterverkehr hat sich in der gleichen Zeit von 142.000 t auf 346.000 t entwickelt, das war eine 2,5-fache Steigerung. An den Gesamteinnahmen der Hessischen Ludwigsbahn hatte die Odenwaldbahn im Jahr 1883 mit 539.000 Mark einen Anteil von 3,5 %. Dieser stieg bis 1894 geringfügig auf 4,2%, d.h. 854.000 Mark. Alles in allem eine ganz passable Bilanz (vgl. Tabelle S. 72).

Dennoch war die Odenwaldbahn für die Hessische Ludwigsbahn im Rückblick auch ein ambivalentes Unternehmen. Bereits 1885 zeigte sich, dass die sich mit der Vollendung der Odenwaldbahn einstellenden positiven Effekte nicht in der Lage waren, die Folgen des von der preußischen Staatsbahn seit 1880 verfolgten Boykotts der Hessischen Ludwigsbahn auf Dauer aufzufangen. Letztlich musste die Hessische Ludwigsbahn vor der übermächtigen preußischen Konkurrenz 1896 kapitulieren und wurde verstaatlicht.

Dem Himbächel-Viadukt konnten diese politischen und ökonomischen Probleme wenig anhaben. Der Bau war zufriedenstellend zu Ende gebracht worden, Nachbesserungsbedarf gab es kaum. Nur einmal findet das Viadukt nach seiner Fertigstellung noch Erwähnung. Im Baubericht der in Betrieb befindlichen Linien von 1882 wurde darüber berichtet, dass infolge der extrem feuchten Witterung *„durch Rutschen insbesondere in der Nähe des Himbächelviaductes, bei Kailbach und unterhalb Gaimühle [...] der Verkehr in der Zeit vom 23. November bis 29. Dezember auf der Strecke von Erbach bis Eberbach eingestellt werden (mußte). Die Reconstructionsarbeiten sind sogleich in Angriff genommen worden."* Ansonsten finden sich keine Hinweise auf eventuelle Nachbesserungen am Viadukt. Das spricht dafür, dass das

Himbächel-Viadukt eine hervorragend geplante und ausgezeichnet ausgeführte Ingenieurleistung war.

Betrachtet man heute die historischen Eisenbahn- oder Straßenbrücken in Hessen, muss man wissen, dass vieles nicht dem durch Abbildungen überlieferten Zustand vor 1943 entspricht. Die Bomben der Alliierten und sinnlose Sprengaktionen der Deutschen gegen Ende des Zweiten Weltkriegs haben vieles ruiniert. Das Himbächel-Viadukt ist 1945 diesem zerstörerischen Schicksal entgangen.

Nach dem Krieg fuhren Dampflokomotiven der Baureihe 65 auf der Odenwaldbahn, im Güterverkehr wurden sie gelegentlich von der größeren BR 50 abgelöst. Außerdem kamen im Personenverkehr die roten Schienenbusse zum Einsatz. 1970 endete der Dampfbetrieb. Fortan wurden Dieselloks der Baureihen 212 bzw. 216 eingesetzt, die wiederum von Exemplaren der BR 215 oder 218 abgelöst wurden. Der wachsenden Konkurrenz durch den Straßenverkehr war die Odenwaldbahn letztendlich auf Dauer nicht gewachsen.

Mehrfach drohte um 1968/70 die Stilllegung zumindest von Teilstrecken. So entging beispielsweise die Überwaldbahn dieser Entwicklung nicht und wurde 1994 vollständig stillgelegt. Die Reduktion des Schienenverkehrs führte auch beiderseits des Himbächels zum Rückbau

▲ *Himbächel-Viadukt mit Traditionszug am Tag der Titelverleihung „Historisches Wahrzeichen der Ingenieurbaukunst“.*

Jubiläumsmedaille 100 Jahre Odenwaldbahn 1882–1982. ▶

Jubiläumsfahrkarte 1982. ▶

und der Aufgabe zahlreicher Bahnstationen. Immerhin wird die Strecke noch immer im Regelbetrieb befahren, auch wenn im Jahr 2004 der Fernverkehr bis Heilbronn oder Stuttgart aufgegeben wurde. Eine Bahnfahrt über die 88 Streckenkilometer von Frankfurt bis Eberbach dauerte zuletzt 85 Minuten (bis Stuttgart war man früher insgesamt 3½ Stunden unterwegs).

Mit Feiern zum 100- bzw. 125-jährigen Bestehen der Odenwaldbahn in den Jahren 1982 und 2006 rückte auch das Himbächel-Viadukt wieder stärker ins Bewusstsein einer breiteren Öffentlichkeit und hat heute insbesondere unter touristischen Gesichtspunkten seinen Reiz. Zu Fuß lässt es sich in einer knappen Viertelstunde von der Bahnstation Hetzbach gut erreichen, mittlerweile kann man auch mit dem Auto nah heranfahren. Die Zahl der Fahrgäste mit der Odenwaldbahn hat seitdem wieder stärker zugenommen. Aus diesem Grund hat der als Betreiber der Odenwaldbahn fungierende Rhein-Main-Verkehrsverbund (RMV) seit dem Sommer 2010 neue Itino-Züge der Firma Bombardier auf der Strecke eingesetzt, deren moderne Dieseltechnik schadstoffarm und umweltfreundlicher ist. Sie könnten eine Spitzengeschwindigkeit von 140 Stundenkilometer erreichen, die allerdings nur im Flachland vor Höchst möglich wäre. 1987 wurden beide Strecken der Odenwaldbahn im Auftrag des Hessischen Landesamts für Denkmalpflege mitsamt ihren Bauwerken inventarisiert. Damit fand auch das Himbächel-Viadukt Aufnahme im Denkmalbuch des Landes und gilt seitdem als Kulturdenkmal, welches nach den Kriterien des Hessischen Denkmalschutzgesetzes zu erhalten ist. Seine Auszeichnung als Wahrzeichen der Ingenieurbaukunst sowie die Informationstafel vom Geo-Naturpark Bergstraße-Odenwald im Herbst 2010 garantieren zusätzlich seine langfristige Erhaltung.

100 Jahre Odenwaldbahn
1882 – 1982

EXTRAZUG

FAHRTAXE
für 1 Person
480
Pfennig
für alle Abtlgn.

BILLET

für eine Bahnfahrt
Darmstadt – Eberbach
und Retour
am 06. Juni 1982

Nr 000001 *Diese Karte ist nur an dem Tage und zu der Fahrt gültig, für welche sie gelöst worden.*

Die Erbauer des Himbächel-Viadukts

Ingenieur-Bau-Kunst

Der heutige Beruf des Bauingenieurs entwickelte sich im 19. Jahrhundert. Er zeichnet sich durch die Anwendung mathematisch-naturwissenschaftlicher Erkenntnisse aus. Mit zunehmender Industrialisierung wurde der Ingenieur in der gesellschaftlichen Wahrnehmung zum Garant für Zweckmäßigkeit und Haltbarkeit. Seine Werke wurden zunächst einmal als praktisch und nicht als schön angesehen. Der Eiffelturm in Paris, das Blaue Wunder in Dresden und die Forth Bridge in Edinburgh galten in ihrer Zeit als kunstlose, autonome Ingenieurwerke, die sich über die Wissenschaft definierten.

Forth Bridge Edinburgh, 1890. ▶

Blaues Wunder Dresden, 1893. ▶

▼ *Eiffelturm Paris, 1889.*

Dennoch haben die Bauingenieure mit den genannten Bauwerken eine neue und ganz eigenständige Baukunst entwickelt. Ihre Kunst definiert sich über Funktionalität und die technischen Notwendigkeiten. Aber sie erfüllt mit ihrer eigenen Sprache auch einen künstlerischen Anspruch. Wenn man heute vor dem Odenwälder Meisterwerk der Ingenieurbaukunst steht, ist nicht nur der geniale Ingenieur zu bewundern, der die Idee zu der Eisenbahnbrücke hatte und für die Pläne verantwortlich zeichnete.

Leider ist nur sehr wenig über die einzelnen Personen bekannt, die sich um den Bau des Himbächel-Viadukts verdient gemacht haben. Das Archivmaterial ist dürftig, wichtige Unterlagen gingen im 2. Weltkrieg verloren, vieles ist vergessen. Dennoch konnten zu zwei wichtigen Persönlichkeiten interessante Informationen zu Tage gefördert werden, denen in den nachfolgenden beiden Abschnitten ausreichend Raum eingeräumt wird.

Zuvor soll auch an diejenigen gedacht werden, die mit ihren Händen arbeiteten, um diese Pläne Wirklichkeit werden zu lassen: Die Steinbrecher in den Steinbrüchen, die

Steinmetze, die den Stein behauen und in Form gebracht haben, die Zimmerleute, die die Lehrgerüste gestellt haben, damit die Bögen genau gemauert werden konnten und nicht zuletzt die Maurer, die mit Lot, Richtscheit und mit großem handwerklichen Können die Pläne des Ingenieurs umgesetzt haben. Dies alles nur mit menschlicher Muskelkraft. Baumaschinen oder Baukräne, wie wir sie heute kennen, gab es damals noch nicht. Nur mit kleinen, handgetriebenen Derrickkränen konnten die schweren Sandsteinblöcke auf die Gerüste gehoben werden. Bei einem durchschnittlich 12-stündigen Arbeitstag sind dies heute für uns unvorstellbare Leistungen. Wenn man bedenkt, dass die Arbeiten für die Gründungen im Juni 1880 begannen und das fertige Bauwerk im November 1881 – also nach 18 Monaten, einschließlich der Wintermonate – übergeben wurde, dann können wir den Menschen, die in dieser kurzen Zeit das Bauwerk erstellt haben, nur höchste Achtung zollen.

Justus Kramer (1817–1892) – Bahningenieur, Chefplaner, Großherzoglicher Geheimer Baurat

Unklar war lange Zeit, wer für den Entwurf des Himbächel-Viadukts verantwortlich zeichnete. Nach unserem heutigen Wissensstand kann nur das Mitglied der Special Direction der Hessischen Ludwigsbahn – Justus Kramer – der verantwortliche Planer des Himbächel-Viadukts sein. In seinem Verantwortungsbereich lagen alle Planungs- und Bauaufgaben der Hessischen Ludwigsbahn. Kramers Namenszug ist zumindest auf einem Plan vom 9. Mai 1880 eindeutig lesbar.

Handschriftlicher Lebenslauf Justus Kramers. ▶

▼ Justus Kramer.

Aus einem Protokoll der Generalversammlung der Aktionäre vom April 1880 (Berichtsjahr 1879) geht hervor, dass „*das Projekt und der Kostenanschlag des Himbächelviaductes… fertiggestellt ist*". Erst im Mai 1880 wurde dann der Firma Carl Weißhuhn aus Troppau der Bauauftrag erteilt. Schon deshalb ist die früher geäußerte Vermutung, dass die Ingenieure dieser Firma für den Entwurf des Himbächel-Viadukts zuständig waren, unwahrscheinlich. Alles spricht dafür, dass der Entwurf in der Special-Direktion der Hessischen-Ludwigsbahn in Mainz unter der Leitung von Justus Kramer entstanden ist.

Wer war Justus Kramer? Darüber gibt eine handschriftliche Selbstbiografie, die sich im Archiv der Mainzer Freimaurerloge befindet, Auskunft. Unter den Dokumenten dieses Archivs, das im Mainzer Stadtarchiv lagert, findet sich die Personalakte von Justus Kramer, der am 18.10.1851 in die Loge aufgenommen wurde.

Uneins kann man bei der Antwort auf die Frage sein, von wem denn der Entwurf zum Himbächel-Viadukt stammt. Infrage käme ein Mitarbeiter der schlesischen Baufirma Weißhuhn, der HLB-Bezirksingenieur Kraus oder gar Justus Kramer, der technische Leiter der Bahngesellschaft, dessen Namenszug auf zumindest einem Brückenplan eindeutig lesbar blieb.

Der Deutschen Bauzeitung, auch vor knapp 120 Jahren bereits das führende Fachblatt für Ingenieure und Architekten, war es einen wortreichen Nachruf wert, als Justus Kramer mit 75 Jahren am 2. Februar 1892 starb. Es scheint die einzige überregionale Würdigung zu sein, die das Wirken dieses Mannes überdauerte und ihm dadurch ein nachlesbares Andenken bewahrte. Seine Planungen und Projekte sprächen beredter für ihn, würde man sie denn allgemein mit ihm in Verbindung bringen – doch das ist nicht der Fall. Kramer stammte aus Darmstadt und trat als hier ausgebildeter Ingenieur mit 29 Jahren 1846 in den Dienst der Hessischen Ludwigsbahn.

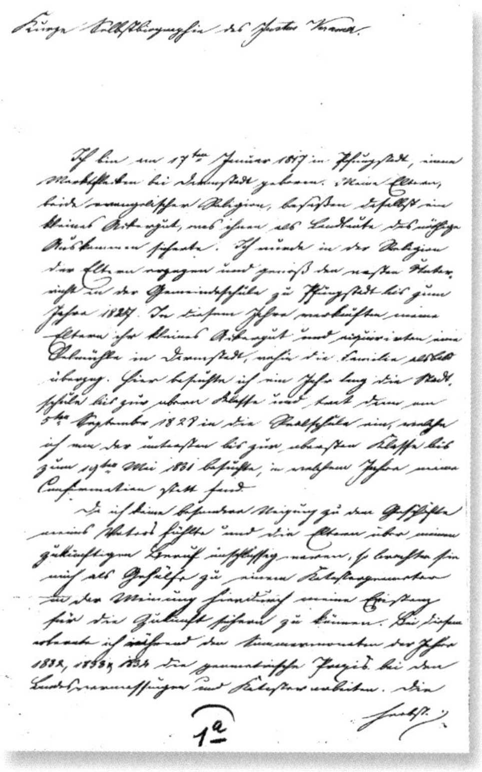

Für die frisch gegründete HLB muss dies als Glücksfall gelten; denn Kramers Lebenswerk füllt nahezu vollständig jenes halbe Jahrhundert aus, während dem diese Aktiengesellschaft ihr Ansehen aufbauen und ihre Selbstständigkeit bewahren konnte. Als Chef ihrer Special-Direction war er schließlich 1876 bis zum technischen Direktor aufgestiegen. Doch erscheint dies eigentlich nur als äußerliche Anerkennung bisheriger Leistungen; denn bereits die Vollendung der Stammstrecke Mainz-Ludwigshafen erfolgte 1853 weitgehend unter Kramers Leitung. De facto galt er seit Mitte des 19. Jahrhunderts als verantwortlich für die gesamte Streckenplanung dieser Bahngesellschaft. Nur so lässt sich sein bereits auf das Jahr 1860 datierbarer Vorschlag zur Schaffung eines zentralen Bahn-

▲ *Mainzer Südbrücke, um 1900.*

hofs für Frankfurt am Main erklären, das allerdings 1866 nach der Annektierung durch Preußen seine Selbständigkeit eingebüßt hatte.

Der Wandel politischer Verhältnisse bildete jedoch nicht den alleinigen Grund für das Scheitern des Kramer'schen Entwurfs. Gemessen an der erst knapp eine Generation später geschaffenen Realität barg er einen entscheidenden Mangel: Er sollte im Zentrum der ehemaligen Reichsstadt verwirklicht werden, d.h. am Westrand des Rossmarkts (etwa im Winkel der Gr. Gallusstraße zur erst 1875 trassierten Kaiserstraße). Preußen wählte 1880 einen Standort außerhalb der City, und 1883–1888 ist der Frankfurter Hauptbahnhof 600 m westlich der einstigen Wallanlagen nach den Ideen eines preußischen Architekten als größte Bahnstation des Kontinents errichtet worden. Knapp zuvor war 1876–80 nach Kramers Plänen südlich des Mainzer Hauptbahnhofs der Zitadellen-Tunnel über eine Länge von 1.200 m durch den Festungsberg gebrochen worden (zwischen Binger Tor und Neutor; nach einem Unfall 1932 zweiteilig zerlegt und dabei um 300 m gekürzt). Und zeitgleich beschäftigte er sich seit 1878 mit dem Entwurf des 1881 vollendeten Himbächel-Viadukts – dem dritten und zugleich spektakulärsten Großprojekt dieses bedeutenden hessischen Eisenbahningenieurs, den der Darmstädter

Großherzog mit dem Titel Geh. Oberbaurat geehrt hat.

Zurück zur Antwort auf die eingangs nur rhetorisch gestellte Frage: In keinem renommierten Ingenieurbüro zeichnet der Chef alle Entwürfe selbst. Doch um sein Renommee zu steigern, wird er sie gern alle signieren und als sein Produkt können sie ihn überdauern. Unrealistisch lang gelebt haben müsste Rubens, wenn er alle ihm zugeschriebenen Bilder eigenhändig gemalt, oder Riemenschneider, wenn er sämtliche Holzfiguren aus seiner Werkstatt selbst geschnitzt hätte. Also ohne Vorbehalte argumentiert: Kramer, der mehrfach – wie das Erbacher Kreisblatt meldet – den Baufortschritt der Strecke in Augenschein genommen und Festreden gehalten hat, dürfte die kühne Idee für das Himbächel-Viadukt geliefert, die zeichnerische Umsetzung sowie die eigentliche Konstruktion beratend begleitet haben. Das genügt völlig, um in ihm den Vater des Projekts zu sehen; ganz ähnlich wird sich übrigens bei den anderen durch verschiedene Baufirmen ausgeführten Viadukten der Odenwaldbahn die Urheberschaft interpretieren lassen.

Kramers erste große Aufgabe im neuen Amt bei der Hessischen Ludwigsbahn war die Projektierung der Eisenbahnstrecke Mainz–Worms–Ludwigshafen und deren Bau ab 1848. Die auch als Pfälzische Ludwigsbahn bezeichnete Strecke wurde im August 1853 eröffnet. Bis 1879 baute die Hessische Ludwigsbahn zwölf weitere Eisenbahnlinien, die alle von Justus Kramer und seinen Mitarbeitern geplant wurden. Bei der Planung und dem Entwurf der Kunstbauten (Brücken und Bahngebäuden) an den Strecken kam die gute Ausbildung von Kramer auf dem Gebiet der Architektur zum Tragen. Drei herausragende Kunstbauten, die beim Ausbau dieser Strecken entstanden, sollten erwähnt werden:

- die Mainzer Südbrücke (1860–1862),
- der Mainzer Eisenbahntunnel (1881–1884),
- das Himbächel-Viadukt und der Krähbergtunnel der Odenwaldbahn (1880–1882).

Bis zur Fertigstellung der Mainzer Südbrücke im Jahre 1862 endete die Rhein-Main-Bahn am rechten Rheinufer in Gustavsburg und der Personen- und Güterverkehr über den Rhein wurde über ein Trajekt (Fähren) abgewickelt. Immer wieder werden die Namen von Ignaz Opfermann und Justus Kramer als Planer und Erbauer dieser Brücke genannt. Fest steht, dass Justus Kramer als Vertreter des Bauherrn der HLB die Oberleitung über Planung und Ausführung hatte. Der Entwurf der Stahlkonstruktion (Pauli-Träger) muss aber dem Leiter der mit dem Bau der Brücke beauftragten Firma Cramer-Klett, Nürnberg, H.-G. Gerber, zugeschrieben werden. Ignaz Opfermann hat nicht die Brücke, sondern die damals üblichen *„Kopfbauten"* oder Brückentürme entworfen.

Mitglieder der Special-Direction, 1877. ▶

Nachruf Mainzer Zeitung, ▼ *10. 2. 1892.*

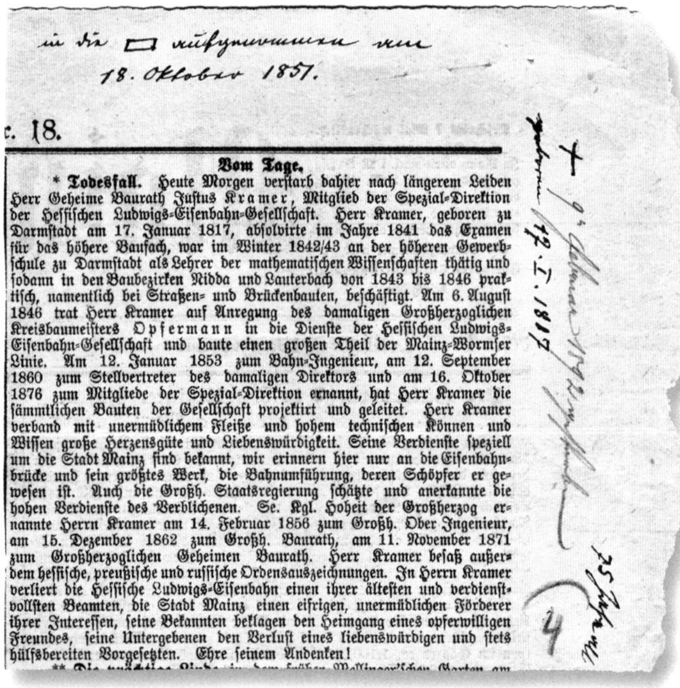

18. Oktober 1851.

Nr. 18.

Vom Tage.

* **Todesfall.** Heute Morgen verstarb dahier nach längerem Leiden Herr Geheime Baurath Justus Kramer, Mitglied der Spezial-Direktion der Hessischen Ludwigs-Eisenbahn-Gesellschaft. Herr Kramer, geboren zu Darmstadt am 17. Januar 1817, absolvirte im Jahre 1841 das Examen für das höhere Baufach, war im Winter 1842/43 an der höheren Gewerbschule zu Darmstadt als Lehrer der mathematischen Wissenschaften thätig und sodann in den Baubezirken Nidda und Lauterbach von 1843 bis 1846 praktisch, namentlich bei Straßen- und Brückenbauten, beschäftigt. Am 6. August 1846 trat Herr Kramer auf Anregung des damaligen Großherzoglichen Kreisbaumeisters Opfermann in die Dienste der Hessischen Ludwigs-Eisenbahn-Gesellschaft und baute einen großen Theil der Mainz-Wormser Linie. Am 12. Januar 1853 zum Bahn-Ingenieur, am 12. September 1860 zum Stellvertreter des damaligen Direktors und am 16. Oktober 1876 zum Mitgliede der Spezial-Direktion ernannt, hat Herr Kramer die sämmtlichen Bauten der Gesellschaft projektirt und geleitet. Herr Kramer verband mit unermüdlichem Fleiße und hohem technischen Können und Wissen große Herzensgüte und Liebenswürdigkeit. Seine Verdienste speziell um die Stadt Mainz sind bekannt, wir erinnern hier nur an die Eisenbahnbrücke und sein größtes Werk, die Bahnumführung, deren Schöpfer er gewesen ist. Auch die Großh. Staatsregierung schätzte und anerkannte die hohen Verdienste des Verblichenen. Se. Kgl. Hoheit der Großherzog ernannte Herrn Kramer am 14. Februar 1856 zum Großh. Ober Ingenieur, am 15. Dezember 1862 zum Großh. Baurath, am 11. November 1871 zum Großherzoglichen Geheimen Baurath. Herr Kramer besaß außerdem hessische, preußische und russische Ordensauszeichnungen. In Herrn Kramer verliert die Hessische Ludwigs-Eisenbahn einen ihrer ältesten und verdienstvollsten Beamten, die Stadt Mainz einen eifrigen, unermüdlichen Förderer ihrer Interessen, seine Bekannten beklagen den Heimgang eines opferwilligen Freundes, seine Untergebenen den Verlust eines liebenswürdigen und stets hülfsbereiten Vorgesetzten. Ehre seinem Andenken!

Auch beim Bau des Mainzer Eisenbahntunnels lagen Planung und Ausführung in den Händen Justus Kramers. Ursprünglich lagen die Bahnanlagen in Mainz zwischen dem Fluss und der Stadt. Da die Platzverhältnisse keine Erweiterung der Anlagen ermöglichten, entschloss man sich dazu, diese auf die Westseite der Stadt zu verlegen und alle Gleisanlagen in einem Zentralbahnhof zusammenzuführen. Dies erforderte von 1881 bis 1884 den Bau eines in großem Bogen um die westliche Stadt geführten Tunnels. Als Mitglied der *„Special-Direction"* war Kramer 1876 bis zum technischen Direktor aufgestiegen. Sein Name findet sich bis zum Jahr 1891 in den Geschäftsberichten der Hessischen Ludwigsbahn.

D. Special-Direction.

Dr. Reinhard, Geh. Regierungsrath, Vorsitzender der Specialdirection.
Justus Kramer, Geheimer Baurath, Mitglied „ „
Georg Thomas, „ „ „
Joh. Philipp Maschmann, „ „ „
Carl Friedrich Hedderich, „ „ „

De facto galt er seit Mitte des 19. Jahrhunderts als technisch verantwortlich für die gesamte Streckenplanung der Bahngesellschaft. Zeitgleich zum Bau des Mainzer Eisenbahntunnels beschäftigte er sich seit 1878 mit dem Entwurf des Himbächel-Viadukts – dem dritten und zugleich spektakulärsten Großprojekt dieses bedeutenden hessischen Eisenbahningenieurs, der vom Darmstädter Großherzog mit dem Titel Geh. Baurat geehrt wurde. Es mag also gut möglich sein, dass Kramer, der mehrfach den Baufortschritt der Strecke in Augenschein nahm und Festreden hielt, die Idee für das Himbächel-Viadukt lieferte und die zeichnerische Umsetzung sowie die eigentliche Konstruktion beratend begleitet hat.

Die Bedeutung von Justus Kramer zeigen auch folgende Ernennungen und Auszeichnungen:

- 1853 Titel: Bahn-Ingenieur
- 14.2.1856 Großherzoglicher Oberingenieur
- 1859 Preußischer roter Adlerorden IV. Klasse
- 1859 Ritterkreuz I. Klasse des Verdienstordens Philipp des Großmütigen
- 1860 Stellvertreter des Direktors der Hessischen Ludwigsbahn
- 15.12.1862 Großherzoglicher Baurat
- 11.11.1871 Großherzoglicher Geheimer Baurat
- 1876 Mitglied der neu gegründeten Special Direction der Hessischen Ludwigsbahn

Carl Weißhuhn – Ein Unternehmer der Gründerzeit

Die zweite Hälfte des 19. Jahrhunderts brachte Deutschland und Österreich gewaltige technische und wirtschaftliche Entwicklungen. Kennzeichnend für die als Gründerzeit bekannte Epoche waren rasch wachsende Eisenbahn- und Straßennetz und Firmengründungen, wie Krupp, Siemens und Skoda. Ein typischer erfolgreicher Unternehmer der Gründerzeit war auch der am 27. 2. 1837 in der Nähe von Ratibor geborene Carl Weißhuhn. Seine Firma erhielt 1880 den Auftrag zum Bau des Himbächel-Viadukts.

Anlässlich seines 100. Geburtstags, schrieb Ida Weißhuhn eine Biographie über ihren Vater, die interessante Einblicke in die Persönlichkeit dieses Mannes und die damalige Zeit vermittelt. Die Familie Weißhuhn war aus dem kurhessischen Witzenhausen nach Schlesien eingewandert. Carl, dessen Vater Oberförster beim Herzog von Ratibor war, zeigte bereits als Kind Interesse am Bauen und an der Jagd. Mit größtem Interesse eignete er sich die Handfertigkeiten der verschiedensten Berufe an und betätigte sich als Tischler, Zimmermann und Schlosser.

Nachdem er sich mit verschiedenen Unternehmungen, hauptsächlich dem Holzhandel, ein respektables Einkommen erworben hatte, heiratete er am 7. Februar 1864 Friedrike Breyer, mit der er zwölf Kinder hatte.

Und Weißhuhn verdiente weiterhin gut. Zum Holzhandel kamen Sägemühlen. Er konstruierte eine Maschine zur Fertigung von Zigarrenkisten, die er bei der Wiener Weltausstellung zeigte und für die er zwei Verdienstmedaillen erhielt. *„Er hielt sich niemals an althergebrachte Methoden, sondern ging seinen eigenen Weg und eilte oft seiner Zeit voraus"*, erinnert sich seine Tochter. Auch, dass ihr sparsamer und bescheidener Vater immer zahlreiche Ideen hatte, um Schwierigkeiten zu lösen, *„sowohl im beruflichen, als auch privaten". [...] „Papa war mutig"*, schreibt Ida Weißhuhn weiter.

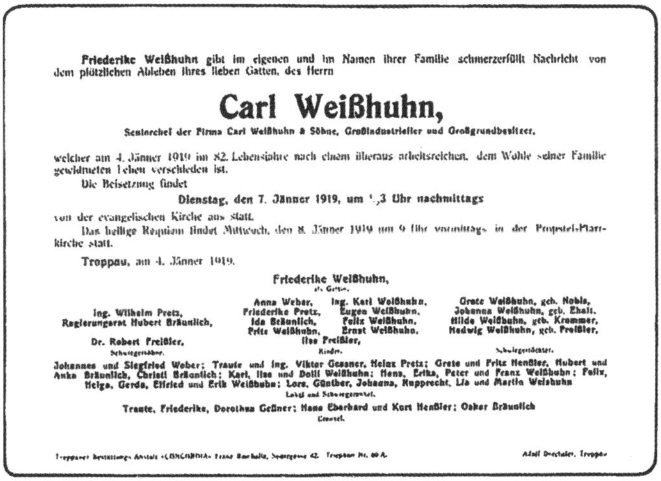

Friederike Weißhuhn gibt im eigenen und im Namen ihrer Familie schmerzerfüllt Nachricht von dem plötzlichen Ableben ihres lieben Gatten, des Herrn

Carl Weißhuhn,

Seniorchef der Firma Carl Weißhuhn & Söhne, Großindustrieller und Großgrundbesitzer,

welcher am 4. Jänner 1919 im 82. Lebensjahre nach einem überaus arbeitsreichen, dem Wohle seiner Familie gewidmeten Leben verschieden ist.

Die Beisetzung findet

Dienstag, den 7. Jänner 1919, um ½3 Uhr nachmittags

von der evangelischen Kirche aus statt.

Das heilige Requiem findet Mittwoch, den 8. Jänner 1919 um 9 Uhr vormittags in der Propstei-Pfarrkirche statt.

Troppau, am 4. Jänner 1919.

Friederike Weißhuhn,
als Gattin.

Anna Weber, Friederike Pretz, Ida Bräunlich, Fritz Weißhuhn, Ing. Karl Weißhuhn, Eugen Weißhuhn, Felix Weißhuhn, Ernst Weißhuhn, Ilse Preißler,
Kinder.

Ing. Wilhelm Pretz, Regierungsrat Hubert Bräunlich, Dr. Robert Preißler,
Schwiegersöhne.

Grete Weißhuhn, geb. Nobis, Johanna Weißhuhn, geb. Ehalt, Hilde Weißhuhn, geb. Krommer, Hedwig Weißhuhn, geb. Preißler,
Schwiegertöchter.

Johannes und Siegfried Weber; Traute und Ing. Viktor Gessner, Heinz Pretz; Grete und Fritz Henßler, Hubert und Anka Bräunlich, Christl Bräunlich; Karl, Ilse und Dolli Weißhuhn; Hans, Erika, Peter und Franz Weißhuhn; Felix, Helga, Gerda, Elfried und Erik Weißhuhn; Lore, Günther, Johanna, Rupprecht, Lia und Martin Weißhuhn
Enkel und Schwiegerenkel.

Traute, Friederike, Dorothea Geßner; Hans Eberhard und Kurt Henßler; Oskar Bräunlich
Urenkel.

Troppauer Bestattungs-Anstalt »CONCORDIA« Franz Bacholik, Sporergasse 42. Telephon Nr. 60 A. Adolf Drechsler, Troppau

▲ *Todesanzeige Carl Weißhuhn.*

◀ *Carl Weißhuhn und Frau Friederike. Foto aus dem Nachlass des Enkels Eugen.*

Obwohl Weißhuhn technisch begabt, war er doch selbst kein Ingenieur. Seinen Einstieg in den Eisenbahnbau beschreibt die Tochter wie folgt: *„Er wollte Eisenbahnunternehmer werden. Und wie machte er das? Er engagierte sich tüchtigste Ingenieure und entwickelte seine Ideen, besprach alles nötige und reichte dann sein Offert ein."*

Im Jahr 1875 unternahm der reisefreudige Unternehmer eine Reise in die Schweiz, die ihn nachweislich auch nach Heidelberg, also ganz in die Nähe der damals in Planung befindlichen Odenwaldbahn, führte. In der Schweiz studierte Weißhuhn die großartigen Anlagen der St. Gotthardbahn, die Zahnradbahn auf den Rigi und andere berühmte Anlagen und Bauten.

Um 1876 machte er mehrere Studienreisen mit seinem Chefingenieur Wiegand, um die Schifffahrtskanäle Deutschlands und die Alpenbahnen zu studieren. 1877 war er mit dem Bau der Strecke Dittersbach – Glatz beschäftigt. 1880 – 1881 folgte dann der Bau des Himbächel-Viadukts. Im Jahr 1883 baute die Firma die Solabrücke auf der Linie

Saybusch-Swardon in Schlesien (heute: Zywiec-Zwardon, Polen), die im Verkehr mit Russland von einiger Bedeutung war sowie später in der unmittelbaren Umgebung des Firmensitzes in Troppau die abgebildeten Brücken über die Mohra.

▲ *Eisenbahnbrücken über die Mohra, erbaut von Fa. C. Weißhuhn.*

Anzeige der Fa. C. Weißhuhn und Söhne aus den Dreißigerjahren. ▶

Hatte Carl Weißhuhn sein kleines Wirtschaftsimperium mit Holzhandel und Bauunternehmungen begründet – 1892 baute er noch die Bezirksstraße Schwansdorf–Alt Zechdorf und die Kreuzberger Brücke – so wandte er sich in den 90er Jahren des vorvergangenen Jahrhunderts der Papierherstellung zu. Er gründete im schlesischen Zimrowitz eine Papiermühle und leitete dafür das Wasser der Mohra über 3,6 km um. Er nutzte die Kraft des brausenden Wassers, um seine neueste Unternehmung in Schwung zu bringen. Die technischen Schwierigkeiten waren enorm und er stand mehrmals kurz vor dem Ruin. Aber nach und nach entwickelte sich die Zimrowitzer Mühle zu einem lukrativen Geschäft.

Wer denkt, damit hätte er sich begnügt, unterschätzt den Unternehmergeist des schlesischen Patriarchen gewaltig. Im Zuge des amerikanischen Goldrausches zog es ihn am 9. Februar 1895 erstmals nach Amerika, wo er zweieinhalb Monate herumreiste. Er entwickelte dabei eine neue Geschäftsidee: Er wollte aus dem vielerorts vorhandenen feinen Sand das darin enthaltene Feingold separieren. Seine diversen Goldschürfungsversuche, die er zeitweise auch in

Siebenbürgen und Sibirien unternahm, erwiesen sich letztendlich als fruchtlos. Dennoch widmete er sich dieser Idee bis 1912. In dieser Zeit unternahm er drei weitere Amerikareisen und er machte auch die Bekanntschaft des berühmten amerikanischen Erfinders Thomas Alvar Edison, der ihn in seiner Fabrik in Orange empfing. Als *„wenig moralisch"* wurden seine Handlungen immer mal wieder kritisiert, als erster Autobesitzer in Schlesien machte er 1900 Furore.

Die Wirrungen des ersten Weltkriegs überstanden er und seine Firmen relativ unbeschadet. Charakterisiert als *„ein Mensch, der aus eigener Kraft den Erfolg schuf"*, starb Carl Weißhuhn im Januar 1919 in Troppau infolge eines Schlaganfalls, den er auf der Jagd erlitten hat. Von Jugend an ein Frühaufsteher, weder Raucher noch Trinker, einfach und anspruchslos in seiner Lebensführung, war er von Wissensdrang erfüllt.

Carl Weißhuhn & Söhne in Troppau,

Papierfabrik in Zimrowitz (Schlesien).

Die Firma wurde im Jahre 1861 von dem Vater der jetzigen Firmeninhaber gegründet, welcher als Selfmademan sich anfangs mit dem Betriebe von Holzsägewerken und Waldexploitationen befaßte und als erfolgreicher Eisenbahnbauunternehmer im In- und Auslande tätig war. Im Jahre 1890 erfolgte die Gründung der Papierfabrik Zimrowitz bei Troppau, welche heute zu den größten und besteingerichteten Unternehmungen der Papierbranche gehört.

„Wenn man zurückblickt auf die Tätigkeit unseres Vaters, dann muss man dankbar erkennen, dass die Erfolge seiner Arbeit hauptsächlich aus dem Walde stammten mit dem er seit seiner Jugend verwachsen war. [...] Seine Eisenbahnbauten waren von Erfolg und Gewinn begleitet. Das was er an seinen vergeblichen Bemühungen des Goldsuchens an Kapital einbüsste, brauchen seine Nachkommen weder bedauern noch belächeln."

Erwähnenswert ist noch, dass seine Enkelin Friederike Gessner (geboren 1910) als Joy Adamson mit ihren Geschichten über die Löwin Elsa weltberühmt wurde.

Auswahl weiterer eingeschossiger Steinbrücken

Die ersten steinernen Bogenbrücken wurden bereits von den Griechen, Etruskern und Römern gebaut. Die technischen Fortschritte insbesondere der Römer mit ihren Aqua- und Viadukten, gingen bis zum Mittelalter verloren und wurden erst dann schrittweise wiederentdeckt. Einen neuen praktischen und theoretischen Aufschwung bescherte dem Brückenbau dann das Eisenbahnzeitalter. Die an die Baumeister gestellten Anforderungen durch das neue Verkehrsmittel erforderten höchste Präzision in der Planung und Ausführung. Bis Mitte des 19. Jahrhunderts brachten die nie zuvor zu bewältigenden Traglasten Strombrücken und Viadukte in ganz neuen Dimensionen hervor.

Möglich wurden solche Bauten durch den Wandel, der sich vom empirischen zum mathematisch-naturwissenschaftlichen Konstruieren vollzog. Aufgrund einer sich vervollkommnenden Theorie und auch einer fortgeschrittenen ästhetischen Anschauung erfolgte zunehmend eine genaue statische Berechnung und Ausarbeitung der Brückenprojekte bis in ihre Einzelheiten. Mit der Erforschung von Baugrund und Brückenbaumaterialien gelang es, die Abmessung aller Brückenteile genau festzulegen. In der für das Himbächel-Viadukt typischen, eingeschossigen Bauweise entstanden in Deutschland zwischen 1844 und 1881 weitere drei bedeutende Brückenbauwerke – die auch heute noch erhalten sind.

Neiße-Viadukt in Görlitz (erbaut 1844–1847)

Das Eisenbahnviadukt über die Lausitzer Neiße war Teil der damaligen Bahnstrecke zwischen Dresden und Breslau (heute Wroclaw). Die Höhe der Brücke beträgt im Bereich des Flussbettes der Neiße 35 m. Die drei mit 22,26 m (71 pr. Fuß) weitesten Bögen überspannen auf der Westseite der Brücke das Flussbett der Neiße. Die Spannweite der Bögen verringert sich nach Osten hin über 18,83 m

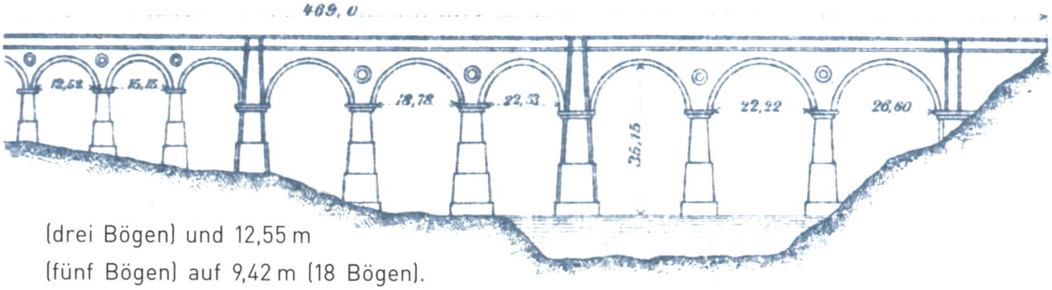

(drei Bögen) und 12,55 m (fünf Bögen) auf 9,42 m (18 Bögen). Als Baumaterial wurde Granit verwendet, der in der Königshainer Bergen westlich von Görlitz gebrochen wurde. Am 7. Mai 1945, dem letzten Kriegstag des 2. Weltkriegs, wurden die westlichen drei Bögen über der Neiße gesprengt. Erst nach dem Görlitzer Abkommen zwischen Polen und der DDR im Jahre 1950 wurde der zerstörte Teil des Viadukts von 1952 bis 1957 von Polen wieder aufgebaut. Die Unterhaltung der Brücke untersteht der PKP Polskie Linie Kolejowe.

▲ *Neiße Viadukt.*

Hetzdorfer Viadukt (erbaut 1866–1868)

Die Bahnstrecke Dresden-Chemnitz quert bei Hetzdorf das tief eingeschnittene Tal der Flöha. Das 1866 bis 1868 erbaute Viadukt überspannt in einer Länge von 328 m (im ersten Viertel gerade und in der restlichen Länge in einer Kurve mit einem Radius von 572 m verlaufend) das Tal in einer Höhe von 42 m über dem Talgrund. Von den insgesamt 17 Bögen haben in Talmitte vier Bögen eine Spannweite von 22,66 m (72 pr. Fuß). An diese schließen sich zwei bzw. fünf Bögen mit 16,99 m (54 pr. Fuß) lichter Weite an. Jeweils drei Bögen an den beiden Enden der Brücke sind 5,66 m weit gespannt. Als Baumaterial wurde Granit, Pir-

naer Sandstein und Gneis verwendet.

Erste Instandsetzungsarbeiten wurden 1928 am Viadukt ausgeführt. Unzulässig hohe Achslasten der Güterzüge (Wismuttransporte) und zu hohe Fahrgeschwindigkeiten – vor allem im Kurvenbereich des Viaduktes – führten bereits in den 60er Jahren zu Schäden am Bauwerk, denen mit Geschwindigkeitsbeschränkungen und Verbesserungen des Oberbaus begegnet wurde. Zuletzt (1992) betrug die zulässige Geschwindigkeit nur noch 20 km/h. Schon in den 80er Jahren hatte sich gezeigt, dass – bedingt durch den schlechten Gesamtzustand – eine Ertüchtigung des Bauwerkes durch neue Überbauten nicht möglich war. Man entschloss sich deshalb, den Verlauf der Trasse in diesem Bereich zu begradigen und das Viadukt durch zwei neue Brücken zu ersetzen. Mit der Verlegung der Trasse und dem Bau der neuen Brücken wurde bereits 1986 begonnen. Nach Inbetriebnahme des Neubauabschnittes im Mai 1992 wurde das unter Denkmalschutz stehende Viadukt gesichert und ist heute Teil eines Wanderweges.

▲ *Hetzdorfer Viadukt.*

Ruhr-Viadukt. ▶

Ruhr-Viadukt in Herdecke (erbaut 1875–1878)

In Herdecke überquert die Bahnlinie Düsseldorf–Dortmund die Ruhr. Für diese Flussquerung wurde 1875 bis 1878 das Ruhr-Viadukt errichtet. Es ist eine 313 m lange Steinbogenbrücke mit zwölf Bögen von je 20 m lichter Weite. Als Baumaterial für das ca. 30 m hohe Viadukt wurde der in der Nähe der Baustelle anstehende Ruhrsandstein verwendet. Durch die Zerstörung der Möhnetalsperre bei einem britischen Bombenangriff im Mai 1943 wurde eine Flutwelle ausgelöst, die am Ruhr-Viadukt durch Unterspülung einen Pfeiler zum Einsturz brachte. Die Sprengung von zwei Bögen durch die deutsche Wehrmacht kurz vor Kriegsende 1945 hatte weitere schwere Schäden am Viadukt zur Folge. Erst 1952 wurde mit dem Wiederaufbau begonnen. Die Ar-

beiten dauerten bis 1957, da durch den Einsturz des Pfeilers 1943 und die Sprengung 1945 die gesamte Konstruktion des Viaduktes in Mitleidenschaft gezogen worden war. Heute wird das Ruhr-Viadukt von der „Volmetalbahn" auf der Strecke Dortmund–Lüdenscheid befahren.

Nach dem Himbächel-Viadukt wurden nur noch selten Steinbrücken realisiert. Lediglich beim Bau der Hunsrückbahn griff man in der ersten Dekade des 20. Jh. noch einmal auf diesen Brückentypus zurück und errichtete auf der Strecke von Boppard nach Hermeskeil zwei hohe steinerne Bogenbrücken. An der 1976 stillgelegten Strecke von Simmern nach Hermeskeil befindet sich bei Hoxel das 1903 fertiggestellte steinerne Viadukt über das Hadenbachtal. Mit einer Höhe von 40 m und acht Bögen mit 16 m Spannweite gehört es mit zu den höchsten steinernen Brücken in Deutschland.

3,2 km nach Boppard findet sich das zweite große Viadukt der früheren Hunsrückbahn, das Hubertus-Viadukt. Mit einer Höhe von 48 m über dem Talgrund ist dieses 1908 fertiggestellte Viadukt das höchste eingeschossige steinerne Eisenbahnviadukt Deutschlands. Die ehemalige Eisenbahnstrecke zwischen Emmelshausen und Simmern (38 km) wurde zurückgebaut und wird heute als Fuß- und Radweg genutzt (Schinderhannesweg).

Larpool Viaduct bei Whitby

Ein Blick über den Ärmelkanal ins „Mutterland" des Eisenbahnbaus Großbritannien zeigt jedoch, dass dort der Brückentypus der hohen, mehrgeschossigen Brücken mehr oder weniger ganz fehlt. Dafür finden sich auf einer Liste der hohen Eisenbahnbrücken in Großbritannien immerhin elf eingeschossige steinerne Viadukte aus den Jahren 1850

Landwasserviadukt. ▶

▼ *Larpool Viaduct.*

bis 1898, die über 30 m hoch sind. Ihre Bogenspannweiten variieren zwischen 9 m und 20 m.

Das höchste dieser elf Bauwerke ist mit 38,1 m (125 feet) das 1885 fertiggestellte Larpool Viaduct im Norden von Yorkshire. Es überquert bei dem Küstenstädtchen Whitby das Tal des Flusses Esk. Die Spannweite der Bögen des aus Ziegelsteinen gemauerten Viadukts beträgt 18,3 m (60 feet). Bereits 1965 wurde die Strecke zwischen Whitby und Scarborough stillgelegt und die Brücke ist inzwischen Teil eines Wanderweges.

Landwasserviadukt

Das wohl bekannteste Eisenbahnviadukt der Schweiz ist wahrscheinlich das Landwasserviadukt der Rhätischen Bahn im Kanton Graubünden. Es ist das schönste und ästhetischste Brückenbauwerk dieses Typs. 1902 fertiggestellt, 65 m hoch über dem Talgrund und mit einem Kurvenradius von 100 m zwischen zwei senkrechten Felswänden legt dieses Bauwerk auch heute noch von der Genialität seiner Erbauer Zeugnis ab.

Warum wählte man also zu Beginn des 20. Jh. im Hunsrück und in Graubünden ein Konstruktionsprinzip, das aus technischen Aspekten bereits als überholt galt? Es können nur finanzielle Erwägungen gewesen sein. War die menschliche Arbeitskraft in entlegenen Landesteilen immer noch kostengünstiger als in den Industrieregionen? Oder lag es am Stahlpreis? Über die Gründe kann man nur spekulieren. Den Planern und Konstrukteuren der damaligen Zeit sollte man ihre Weitsicht zugutehalten, dass nur mit örtlich anstehendem Gestein ein Bauwerk zu errichten war, das bis heute nicht als Störung, sondern als Bereicherung der Landschaft erkannt wird.

Schluss

Und der kleine Hütejunge vom Anfang unserer Geschichte? Der fand die Antworten auf seine Fragen – Jahre später, während seines Studiums der Ingenieurwissenschaften. Er streitet ab, dass der Eindruck des Himbächel-Viadukts maßgeblich zu seiner Entscheidung, Bauingenieur zu werden, beigetragen hat. Aber die Erinnerungen an seine Zeit auf der Wiese im Mümlingtal und die Begeisterung für das Bauwerk waren sofort wieder da – als er vor einigen Jahren in seiner Funktion als Präsident der Bundesingenieurkammer prüfte, ob das Himbächel-Viadukt die Voraussetzungen für die Aufnahme in die Liste der „Historischen Wahrzeichen" erfüllen würde...

Leider sind originale Unterlagen und Pläne über den Bau des Himbächel-Viadukts rar. Zahlreiche Dokumente sollen den zweiten Weltkrieg nicht überdauert haben. Sollten eines Tages neue Informationen auftauchen, kann auch die hier erzählte Geschichte dieses „Historischen Wahrzeichens" der Ingenieurbaukunst fortgeschrieben werden.

Danksagung

Unser besonderer Dank gilt Herrn Jost Hähnel von der Bundesingenieurkammer, der in diversen Archiven und Bibliotheken nach Originalunterlagen geforscht und viele hilfreiche Dokumente zu Tage gefördert hat.

Herzlichen Dank auch den Mitarbeiterinnen und Mitarbeitern der Hessischen und Baden-Württembergischen Staatsarchive, der Stadtarchive der Städte Mainz, Pfungstadt und Hanau sowie dem Archivar der Mainzer Freimaurerloge „Die Freunde der Eintracht".

Darüber hinaus haben uns Herr Zdenek Kravar, Archivar und Historiker in Opava (Troppau) sowie Dieter Rehn vom Heimat-Zimmer Troppau in Bamberg in dankenswerter Weise unterstützt.

Anhang

Lebenslauf Justus Kramer bis 1851

Das handschriftliche Original des Lebenslaufs befindet sich im Archiv der Mainzer Freimaurer-Loge, in die Justus Kramer am 18.10.1851 aufgenommen worden war.

Ich bin am 17.ten Januar 1817 in Pfungstadt, einem Marktflecken bei Darmstadt geboren. Meine Eltern, beide evangelischer Religion, besaßen daselbst ein kleines Ackergut, was ihnen als Landleute das nötige Auskommen sicherte. Ich wurde in der Religion der Eltern erzogen und genoss den ersten Unterricht in der Gemeindeschule zu Pfungstadt bis zum Jahre 1827. In diesem Jahre verkauften meine Eltern ihr kleines Ackergut und akquirierten eine Ölmühle in Darmstadt, wohin die Familie alsbald überzog. Hier besuchte ich ein Jahr lang die Stadtschule bis zur oberen Klasse und trat dann am 5.ten September 1828 in die Realschule ein, welche ich von der untersten bis zur obersten Klasse bis zum 19.ten Mai 1831 besuchte, in welchem Jahr meine Konfirmation stattfand.

Da ich keine besondere Neigung zu den Geschäften meines Vaters fühlte und die Eltern über meinen zukünftigen Beruf unschlüssig waren, so brachten sie mich als Gehilfe zu einem Katastergeometer in der Meinung hierdurch meine Existenz für die Zukunft sichern zu können. Bei diesem erlernte ich während der Sommermonate der Jahre 1832, 1833, 1834 die geometrische Praxis bei den Landesvermessungen und Katasterarbeiten. Die Herbst- und Wintermonate brachte ich in Darmstadt zu und besuchte daselbst die damals bestehende technische Schule, um mich in derselben im geometrischen, architektonischen und Freihandzeichnen auszubilden.

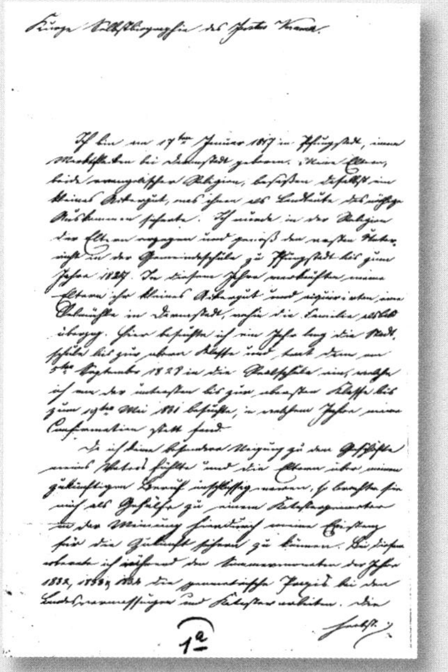

▲ *Handschriftlicher Lebenslauf, S. 1.*

Nachdem ich mir noch durch Privatunterricht und Privatstudium die nötigen Kenntnisse in der Mathematik erworben hatte, meldete ich mich zur Prüfung für den Geometer 1.ter Klasse und bestand diese Prüfung im November 1835.

In den Jahren 1836 bis 1838 übte ich noch die geometrische Praxis in den Gemarkungen F [...] und Vilbel und ging dann, nachdem ich mir hierbei einiges erspart hatte im Winter 1838 wieder nach Darmstadt um die damalige Beschäftigung, für die ich nie besondere Neigung hatte, aufzugeben und mich ganz dem Studium der Architektur zu widmen. Ich besuchte zu diesem Zwecke die höhere Gewerbeschule in Darmstadt von Ostern 1839 bis Ostern 1841, um mir die noch fehlenden Kenntnisse in der reinen und angewandten Mathematik und den Naturwissenschaften zu erwerben. In der Architektur nahm ich befunden Privatunterricht auf dem Bureau des Oberbaudirektors Moller in Darmstadt. Ebenso suchte ich noch durch Privatunterricht meine Sprachkenntnisse zu erweitern und bestand im April 1841 die Maturitätsprüfung in Darmstadt mit dem Zeugnis Nr.1 zum Behufe der Immatrikulation auf die Landesuniversität Gießen.

▼ S.2

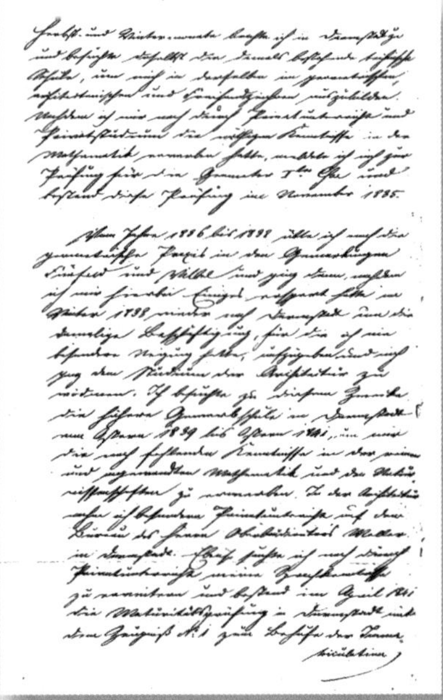

Während des Sommers bereitete ich mich zudem speziellen Staatsexamen für das technische Fach vor und bestand im November 1841 die Prüfung. Im Winter und Frühjahr 1842 vollendete ich meine praktische Aufgabe für das Examen und war dann fest entschlossen im kommenden Wintersemester die Univer-

sität Gießen zu besuchen. Dieser Entschluss wurde jedoch durch den Todesfall des Lehrers Kehrer an der höheren Gewerbe- und Malschule zu Darmstadt geändert, indem ich nach verschiedenen Aufforderungen des damaligen Direktors Herrn Oberstudienrat Schacht und des jetzigen Direktors Herrn Professor Käly die [...] Lehrerstelle während des Wintersemesters 1842/43 [...] und in den obersten Klassen der Realschule und in der höheren Gewerbeschule Unterricht in der Mathematik, der praktischen Geometrie und im praktischen und Klarzeichnen erteilte. Als ich mich dem Lehrfach nicht weiter widmen wollte, wurde diese Stelle definitiv besetzt und ich wurde dem zufolge Auftrags der Oberbaudirektion in Darmstadt dem Gr. Kreisbaumeister im Baubezirk Nidda zur Unterstützung in den Dienstgeschäften und zu meiner weiteren praktischen Ausbildung beigegeben, wohin ich mich dann im Juli 1843 begab. In Nidda blieb ich dann bis zum Februar 1844 zu welcher Zeit ich in den Baubezirk Lauterbach versetzt wurde. Im letzten Bezirk war

▼ S. 3

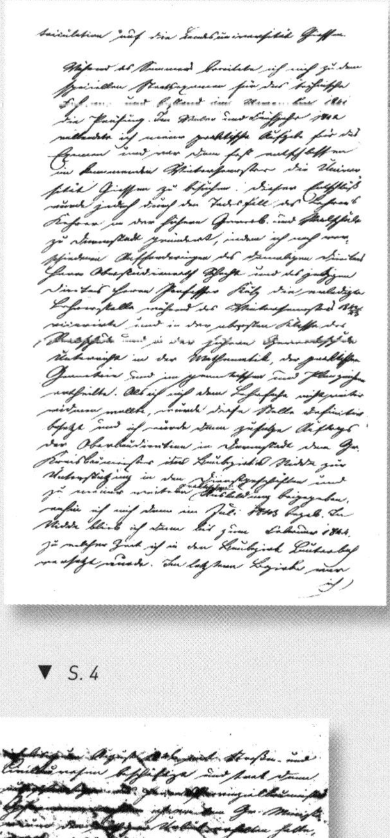

▼ S. 4

ich dann bis zum August 1846 mit Straßen- und Brückenbauwesen beschäftigt und trat dann auf Empfehlung des [...] Provinzialbaumeisters Opfermann, nachdem ich von dem Gr. Ministerium den nötigen Urlaub erhalten hatte, als Ingenieur bei der Hessischen Ludwigs-Eisenbahn ein, zu deren Erbauung ich meine Tätigkeit bis heute [...]

Mainz, den [...] August 1851
Justus Kramer

Wirtschaftliche Entwicklung von Odenwald- und Hessischer Ludwigsbahn 1880–1894

	1880	1883	1884	1885	1890	1894
Personenverkehr						
Odenwaldbahn	439.000	570.000	605.000	619.000	923.000	1.031.000
Hessische Ludwigsbahn	6.149.000	7.302.000	4.729.000	8.696.000	11.586.000	12.908.000
Gütertransport (t)						
Odenwaldbahn	71.000	142.000	154.000	169.000	290.000	346.000
Hessische Ludwigsbahn	3.413.000	4.458.000	4.729.000	4.403.000	6.101.000	6.873.000
Einnahmen Personenverkehr (M)						
Odenwaldbahn	7.418.000	285.000	299.000	296.000	371.000	399.000
Hessische Ludwigsbahn	5.278.000	5.859.000	6.200.000	6.259.000	7.418.000	7.658.000
Einnahmen Güterverkehr (M)						
Odenwaldbahn	164.000	254.000	280.000	299.000	401.000	456.000
Hessische Ludwigsbahn	8.150.000	9.396.000	9.838.000	9.072.000	11.469.000	12.571.000
Gesamteinnahmen (M)						
Odenwaldbahn	7.582.000	539.000	579.000	595.000	772.000	854.000
Hessische Ludwigsbahn	13.428.000	15.255.000	16.037.000	15.331.000	18.887.000	20.228.000

Odenwaldbahn

Hessische Ludwigsbahn

Chronologie

1845 Gründung der Hessischen Ludwigs-Eisenbahngesellschaft.

1861 Beginn der öffentlichen Diskussion um den Bau einer Odenwaldbahn.

1867 Festlegung der Trassen im nördlichen Teil der Odenwaldbahn.

1868 Vergabe des Baus der Odenwaldbahn an die Hessische Ludwigs-Eisenbahngesellschaft.

1871 Fertigstellung der Odenwaldbahn von Darmstadt bzw. Babenhausen nach Erbach.

1877 Festlegung der Trasse von Erbach nach Eberbach, prinzipielle Entscheidung über ein Viadukt im Himbächeltal fällt.

1879 Aufgrund von Problemen beim Bau des Krähbergtunnels werden die Pläne zum Bau des Viadukts letztmals angepasst.

1880 Baubeginn am Himbächel-Viadukt.

1881 Vollendung des Himbächel-Viadukts.

1882 Eröffnung der Odenwaldbahn: Darmstadt bzw. Hanau–Eberbach.

1897 Verstaatlichung der Hessischen Ludwigs-Eisenbahngesellschaft.

1970 Ende des Betriebs mit Dampflokomotiven auf der Strecke der Odenwaldbahn.

1982 Feiern zum 100-jährigen Bestehen der Odenwaldbahn.

1987 Aufnahme des Himbächel-Viadukts in das Denkmalbuch Hessens.

2010 Das Himbächel-Viadukt wird von der Bundesingenieurkammer als „Historisches Wahrzeichen der Ingenieurbaukunst in Deutschland" ausgezeichnet.

Quellen

- Archiv der Mainzer Freimaurerloge „Die Freunde zur Eintracht" im Stadtarchiv Mainz
- Deutsche Bauzeitung, Jg. 1892 (17. u. 20. Feb.)
- Erbacher Kreisblatt, Jg. 1880–82
- Hessisches Staatsarchiv Darmstadt
- Mainzer Zeitung 10. Feb. 1892, S. 2
- Protokolle und Geschäftsberichte der Hessischen Ludwigs-Eisenbahn-Gesellschaft von 1870–1895, Stadtarchiv Mainz bzw. Staatsbibliothek Berlin
- Stadtarchiv Beerfelden
- Stadtarchiv der Landeshauptstadt Mainz
- Stadtarchiv Hanau
- Stadtarchiv Pfungstadt

Ausgewählte Literatur

- Dipper, Christof et al.: Der Odenwald im Zeitalter der Industrialisierung – Strukturwandel einer Region, TUD Schriftenreihe „Wissenschaft und Technik", Bd. 79, 2000
- Dröll, H.: Sechzig Jahre hessische Eisenbahnpolitik 1836–1896, Verlag Duncker & Humlot 1912
- Hänel, D. u. Hermann, J.: Neubauabschnitt Hetzdorf an der Sachsen-Magistrale Görlitz–Plauen, DR-Deutsche Reichsbahn 1992
- Heinzerling, F.: Die Brücken der Gegenwart II, Abteilung Steinerne Brücken V, Verlag J. A. Mayer, Aachen 1877
- Kramer, Justus: Nachruf, in: Deutsche Bauzeitung 26, 1892, S. 84
- Kessler, W.: Der Viadukt der Rheinischen Eisenbahn über das Ruhrtal bei Herdecke, in: Herdecker Blätter, Heft 2, Nov. 1992
- Mohr, J.: Viadukt der Rheinischen Eisenbahn über das Ruhrtal bei Herdecke, in: Zeitschrift für Baukunde, Bd. IV, 1881 (Teil 1, S. 8–26; Teil 2, S. 184–210)
- Ramm, W.: Die Eisenbahn treibt die industrielle Revolution, in: Eisenbahnbrücken – Ingenieurbaukunst und Baukultur, DVV Media Group 2009
- Sattler, Peter W.: Zur Bahnbaugeschichte des Odenwaldes, in: 100 Jahre Odenwaldbahn, Reinheim 1982, S. 1–100
- Lorenz, W.: Kunst lässt sich verkaufen, in: Ingenieurbaukunst in Deutschland, Jahrbuch 2007/2008, Hrsg. Bundesingenieurkammer
- Schomann, Heinz: Der Frankfurter Hauptbahnhof, Stuttgart 1983
- Schomann, Heinz: Eisenbahn in Hessen Bd. 2.1 u. 2.2 (Denkmaltopographie BRD/Kulturdenkmäler in Hessen), Stuttgart 2005
- Teubner, Hans u. Bonin, Sonja: Odenwaldkreis (Denkmaltopographie BRD/Kulturdenkmäler in Hessen), Braunschweig, Wiesbaden 1998, S. 152
- Volk, Georg: Der Odenwald – Eine Landes- u. Volkskunde, Verlag Hobbing & Büchle, Stuttgart 1900, Reprint 1984
- Weber, Peter: Aus der Baugeschichte unserer Odenwaldbahn, in: Odenwälder Heimatzeitung, Monatsbeilage 1–2/1953, Erbach 1953
- Weißhuhn, Ida: Erinnerungen an meinen Vater (1937, unveröffentlicht), Hrsg. Pavel Sopák 2001

Bildnachweis

- Archiv DB Netz AG: S. 2, 13, 34, 81 (Umschlag innen)
- Archiv Freimaurerloge Mainz: S. 53, 56, 69, ,70, 71 u., 71 o.
- Aus: Die Sudetendeutsche Selbstverwaltung, S. 61
- Heinzerling, F.: S. 16 o.,63 o.
- Bardua, Sven: S. 66
- Büchler: S. 8
- Glaser, Udo: S. 1 (Titel), 11, 32 o., 32 u., 41, 56
- Hähnel, Jost: S. 7, 24 m., 68, 12
- Heimat-Chronik Troppau: S. 58
- Mainzer Zeitung v. 10. 2. 1892: S. 28
- Picture-Alliance/Agencia Estado: S. 50
- Picture-Alliance/Everett Collection: S. 51
- Picture-Alliance/KEYSTONE: S. 67
- Sammlung Bundesingenieurkammer: S. 63
- Sammlung Schomann: S. 14, 70/71
- Sammlung Schwinn: S. 10, 18, 23 u., 42, 47, 49 o.
- Sammlung Trautmann, A.: S. 22 o.
- Sattler, P. W.: S. 15, 23 o., 24 o., 35, 39, 40/41, 49 u.
- Staatsbibliothek Berlin: S. 9, 19, 22, 25, 27, 28 u., 29, 31, 46
- Stadtarchiv Hanau: S. 16 u.
- Stadtarchiv Mainz: S. 20, 28 o., 37, 52, 54
- Stommel: S. 7, 48
- Stritzke, Jürgen: S. 51 u.
- Weißhuhn, Ida: S. 59, 60 o., 60 u.
- Wikipedia: S. 64, 65

Leider ist es nicht in allen Fällen gelungen, die Inhaber der Urheberrechte zu ermitteln. Falls noch Ansprüche zu stellen sind, bitten wir die Bildgeber, sich mit uns in Verbindung zu setzen.

Die Schriftenreihe „Historische Wahrzeichen der Ingenieurbaukunst in Deutschland"

Band 1: **Das alte Schiffshebewerk Niederfinow**

Das alte Schiffshebewerk Niederfinow ist eines der bedeutendsten deutschen Ingenieurbauwerke. In dem stählernen Koloss überwinden Schiffe einen Höhenunterschied von 36 Metern.

Der Autor Eckhard Schinkel beschreibt in der reich illustrierten Broschüre Bau und Geschichte dieses Jahrhundertbauwerks.

74 Seiten, Preis: 9,80 Euro (zzgl. Versandkosten)

Band 2: **Die Göltzschtalbrücke**

Die 574 Meter lange und 78 Meter hohe Eisenbahnbrücke ist die größte Ziegelsteinbrücke der Welt. Ihr Bau war ein technisches Wagnis ersten Ranges.

Die Autoren Peter Beyer und Jürgen Stritzke erläutern Planung, Bau und Geschichte der eindrucksvollen Brücke.

82 Seiten, Preis: 9,80 Euro (zzgl. Versandkosten)

Band 3: **Der Stuttgarter Fernsehturm**

Der von Fritz Leonhardt entworfene Fernsehturm Stuttgart war der erste moderne Fernsehturm der Welt. Mit seiner schlanken und eleganten Form ist er bis heute einer der schönsten weltweit.

Das vierköpfige Autorenteam erzählt mit großer Fachkenntnis, wie aus einer höchst umstrittenen Idee ein Wahrzeichen der Ingenieurbaukunst entstand.

76 Seiten, Preis: 9,80 Euro (zzgl. Versandkosten)

Bestellung der Broschüren: Bundesingenieurkammer
Charlottenstraße 4
10969 Berlin

Telefax: +49 (0)30 – 25 34 29 03
www.bingk.de/order-hw

Band 4: **Die Schwebefähre Osten-Hemmoor**

Die in der Kaiserzeit erbaute Schwebefähre über die Oste ist ein ingenieurtechnisches Meisterwerk und eine echte technische Rarität.

Die drei Autoren beschreiben in der reich bebilderten Broschüre Bau, Konstruktion und die 100-jährige Geschichte dieses filigranen Riesen.

70 Seiten, Preis: 9,80 Euro (zzgl. Versandkosten)

Band 5: **Die Sayner Hütte**

Die 1830 vollendete Gießhalle der Sayner Hütte wurde vollständig aus vorgefertigten Bauelementen in Eisenguss erbaut. Sie gilt weltweit als Prototyp des modernen, in Serie gefertigten Industriebaus.

Paul-Georg Custodis zeichnet die Entstehung und die wechselhafte Geschichte dieses Kleinods der deutschen Industriegeschichte nach.

76 Seiten, Preis: 9,80 Euro (zzgl. Versandkosten)

Band 6: **Das Himbächel-Viadukt der hessischen Odenwaldbahn**

In einer Höhe von 43 m überspannt das aus rotem Sandstein erbaute Eisenbahn-Viadukt das malerische Himbächel-Tal im hessischen Odenwald. Es war seinerzeit das höchste eingeschossige Eisenbahn-Viadukt in deutschen Landen.

Karl H. Schwinn und Susanne Klingebiel-Scherf schildern, wie das Viadukt in der Zeit, als die Dampfrösser das Tempo der Entwicklung bestimmten, entstand.

84 Seiten, Preis: 9,80 Euro (zzgl. Versandkosten)

Vorzugspreis von 8,30 €/Exemplar im Abonnement,
für Mitglieder der Ingenieurkammern
und des Fördervereins.

Band 7: **Der Leuchtturm Roter Sand**

Der wohl bekannteste Leuchtturm Deutschlands gilt als erstes Off-Shore-Bauwerk der Welt. Sein Bau war eine mit großen Schwierigkeiten verbundene technische Meisterleistung.

Die drei Autoren beschreiben anschaulich, wie der gewagte Bau des in der Wesermündung geplanten Leuchtturms gelang.

70 Seiten, Preis: 9,80 Euro (zzgl. Versandkosten)

Band 8: **Der alte Elbtunnel Hamburg**

Als der alte Elbtunnel mit seinen prächtig ausgestatteten Schachtgebäuden für die Aufzüge und den verzierten Tunnelröhren 1911 in Betrieb ging, war er eine technische Sensation.

Sven Bardua berichtet Neues und Bekanntes über den Bau des großartigen Wahrzeichens Hamburgs.

124 Seiten, Preis: 9,80 Euro (zzgl. Versandkosten)

Band 9: **Die Fleischbrücke Nürnberg**

Die Fleischbrücke in Nürnberg überspannt die Pegnitz in einem einzigen steinernen Bogen. Sie gilt als das bedeutendste Brückenbauwerk der Spätrenaissance in Deutschland. Für die 1596 begonnene Brücke wurden dicht an dicht 2.123 Pfähle in den schwierigen Baugrund gerammt.

Werner Lorenz und Christiane Kaiser schildern auf Grundlage langjähriger Untersuchungen Bau und Geschichte dieses fränkischen Kleinods.

114 Seiten, Preis: 9,80 Euro (zzgl. Versandkosten)

Bestellung der Broschüren: Bundesingenieurkammer
Charlottenstraße 4
10969 Berlin

Telefax: +49 (0)30 – 25 34 29 03
www.bingk.de/order-hw

Band 10: **Der Flughafen Berlin-Tempelhof**

Der zwischen 1935 und 1941 erbaute Tempelhofer Flughafen galt wegen der gelungenen Synthese von Funktionalität und Architektur als richtungweisend für den weltweiten Flughafenbau. Seine über 40 Meter weit auskragende Dachkonstruktion war eine ingenieurtechnische Meisterleistung.

Thomas Blau schildert auf Grundlage alter und neuer Quellen die ingenieurtechnischen Besonderheiten der „Mutter aller Flughäfen".

112 Seiten, Preis: 9,80 Euro (zzgl. Versandkosten)

Band 11: **Die König-Ludwig-Brücke Kempten**

Die König-Ludwig-Brücke ist eine hölzerne Eisenbahnbrücke, die heute als Fuß- und Radwegbrücke genutzt wird. Der 5 m hohe hölzerne Träger aus Gitterwerk ruht auch auf ca. 25 m hohen Natursteinpfeilern.

Stefan M. Holzer beschreibt Bau und Konstruktion dieser Rarität, bei der als einem der ersten Bauwerke die Tragelemente nicht empirisch, sondern auf Grundlage theoretischer Überlegungen bemessen wurden.

ca. 100 Seiten, Preis: 9,80 Euro (zzgl. Versandkosten)

Vorzugspreis von 8,30 €/Exemplar im Abonnement,
für Mitglieder der Ingenieurkammern
und des Fördervereins.

Die ersten zehn Bände im Schuber

Die Bände 1–10 der Schriftenreihe zu den „Historischen Wahrzeichen der Ingenieurbaukunst in Deutschland“ können im attraktiven Bücherschuber bestellt werden. Der Schuber wird bei Bestellung aller zehn Bände kostenfrei mitgeliefert.

Eine Bestellung des leeren Schubers ist zu den unten genannten Konditionen möglich.

Bände 1–10 im Schuber
Preis: 98,- Euro
(Vorzugspreis: 86,- Euro),
zzgl. 6,50 Euro Versankosten.

Einzelbestellung leerer Schuber
Preis 7,50 Euro,
zzgl. 1,50 Euro Versandkosten.

Der Förderverein – Helfen Sie mit!

Der 2007 gegründete gemeinnützige Förderverein Historische Wahrzeichen der Ingenieurbaukunst in Deutschland e.V. unterstützt mit Spenden und Mitgliedsbeiträgen finanziell die gleichnamige Auszeichnungsreihe der Bundesingenieurkammer.

Mit Hilfe des Fördervereins werden Titelverleihungen, Ehrentafeln, Internetseiten und die Presse- und Öffentlichkeitsarbeit für die „Historischen Wahrzeichen der Ingenieurbaukunst in Deutschland" finanziert.

Mitglieder und Spender des Fördervereins tragen persönlich dazu bei, dass in den nächsten Jahren möglichst viele der bereits ausgewählten Bauwerke als „Historischen Wahrzeichen der Ingenieurbaukunst in Deutschland" ausgezeichnet werden können.

Die faszinierende Geschichte des Bauingenieurwesens verdient, lebendig zu bleiben. Unterstützen Sie uns mit Ihrem Engagement. Alle Spender erhalten selbstverständlich eine Spendenquittung.

Gern können Sie sich auch telefonisch oder per Post unter den unten genannten Kontaktdaten an den Förderverein wenden.

Spendenkonto

Förderverein Historische Wahrzeichen der
Ingenieurbaukunst in Deutschland e.V.
Berliner Sparkasse (BLZ 100 500 00)
Konto-Nr. 13329715

Förderverein
Historische
WAHRZEICHEN
DER INGENIEURBAUKUNST
in Deutschland e.V.

Weitere Informationen: **www.fv-wahrzeichen.de**

Vorstand

- *Vorsitzender:* Dr. Karl Heinrich Schwinn
- *Stellv. Vorsitzender:* Hans-Ullrich Kammeyer
- *Schatzmeister:* Karsten Zill
- *Kassenprüfer:* Rainer Ueckert
- *Beisitzer:* Karlheinz Gärtner, Ingolf Kluge

Kontakt

Förderverein Historische Wahrzeichen der
Ingenieurbaukunst in Deutschland e.V.
c/o Bundesingenieurkammer
Charlottenstraße 4
10969 Berlin
Telefon: +49 (0)30 – 25 34 29 00
Telefax: +49 (0)30 – 25 34 29 03
E-Mail: info@fv-wahrzeichen.de
www.fv-wahrzeichen.de

Mitgliedsantrag und -beiträge

Die Beitrittserklärung zum Förderverein Historische Wahrzeichen der Ingenieurbaukunst in Deutschland e.V. kann unter der oben genannten Kontaktanschrift angefordert oder unter **http://www.fv-wahrzeichen.de** heruntergeladen werden.

Die Höhe der Mitgliedsbeiträge pro Jahr beträgt zurzeit:

- *Persönliche Mitglieder:* **60 Euro,**
- *Firmen:* **300 Euro,**
- *Öffentlich-rechtliche Institutionen:* **900 Euro.**